유학생을 위한 한국어

TOPIK II-1

송곡대학교 편

북마크

유학생을 위한 한국어 TOPIK II-1 3급

초판 1쇄 발행일 | 2021년 5월 25일

지 은 이 | 박성희, 정다운, 조형일
발 행 처 | 송곡대학교
펴 낸 곳 | 북마크
펴 낸 이 | 정기국
디 자 인 | 서용석
마케팅 · 관리 | 안영미

주   소 | 서울특별시 동대문구 무학로 34길 36 덕정빌딩 401호
전   화 | (02) 325-3691
팩   스 | (02) 6442 3690
등   록 | 제303-2005-34호(2005.8.30)

ISBN | 979-11-85846-93-4   13700
값 | 16,000원

• 이 도서의 국립중앙도서관 출판예정도서목록(CIP)은 서지정보유통지원시스템
  홈페이지(http://seoji.nl.go.kr)와 국가자료종합목록시스템(http://www.nl.go.kr/
  kolisnet)에서 이용하실 수 있습니다. (CIP제어번호 : CIP2019013380)

• 잘못된 책은 바꾸어 드립니다.

출간의 글

안녕하십니까, 송곡대학교 총장입니다.

바야흐로 4차 산업이 전 세계 주력 산업으로 대두되는 가운데, 제한적인 자원의 효용가치에 대한 끊임없는 연구와 적용에 대한 고민은 우리의 삶을 본질적 측면에서부터 전환시키고 있습니다.

세계의 물리적 경계는 곳곳에서 허물어지고 한 민족의 언어와 문화가 지닌 독창성을 존중하면서도 국경 없는 교류의 장은 갈수록 넓어지고 있습니다. 이러한 시대적 요청 앞에 한국의 대학교육은 이제 한국 문화와 경제, 한국어가 지닌 강점을 살려 전 세계인을 대상으로 하는 교육으로 그 지평을 넓혀가고 있습니다.

다양한 문화를 지닌 외국인 학생들과 공존하는 대학 캠퍼스는 한국 교육이 세계로 뻗어가고 있음을 의미합니다. 우리 송곡대학교는 2021년을 K-교육의 출발 원년으로 삼고 대학 캠퍼스의 국제화를 위해 그동안 많은 준비를 해 왔습니다. 이 책은 수많은 사업 중 하나로서, 유학생을 위한 한국어 능력 향상에 초점을 둔 TOPIK II의 준비 단계 교재로 우리 송곡대학교에 진학하는 외국인 유학생은 물론 한국 유학을 준비하는 학생들을 위해 특별히 개발한 것입니다.

사회 곳곳에 꼭 필요한 전문 능력을 가장 잘 가르치는 우리 송곡대학교에서 여러분의 꿈을 이루어 가시기 바랍니다.

한국어는 물론 각 영역 전문가로 성장하는 일, 송곡대학교가 책임지겠습니다.

2021년 5월
송곡대학교 총장 왕덕양

일러두기

본 교재는 TOPIK 3급 취득을 목적으로 한 교재로서 읽기와 듣기 12개 주제, 총 116 강으로 구성되어 있다.
각 강좌의 기본 구성 편제는 다음과 같다.

Step 1. 문제 유형 알아보기
주제별로 마련된 읽기 또는 듣기 텍스트를 통해서 학습해야 할 표현의 의미와 기능을, 토픽 문제 유형에 따라 학습하면서 직관적으로 이해할 수 있다.

Step 2. 지식 배우기
문제를 풀 수 있는 한국어 능력을 중점에 두고 이와 관련된 학습 기능을 세밀하게 학습할 수 있다.

Step 3. 문제 풀어보기
이해한 지식으로 유형별 문항을 풀어보며 그날 학습한 내용을 적용할 수 있다.

Step 4. 문제 이해하기
문제 풀이 과정을 통해 학습 목표를 분명하게 달성할 수 있다.

○ 3급 취득을 목적으로 하였기 때문에 이 책에서는 TOPIK Ⅱ의 20번 문항까지 분석하여 학습 문제 유형으로 다루었다.
○ 유형별 읽기 문항을 이해하고 학습해 나간 이후 듣기 문제를 듣고 풀어보며 이해하는 단계로 구성하였다.
○ 경우에 따라서는 읽기를 학습한 이후 그 유형과 유사한 듣기 문항을 듣고 이해하는 방식으로 활용할 수 있다.
○ 최근의 학습자 성향과 학습 환경을 고려하여 주제별 학습 내용을 최대한 짧고 간결하게 제시하였다.
○ 사전을 찾아가면서 혼자서 학습하거나, 교사의 지도하에 수업 교육자료로 활용될 수 있도록 구성하였다.

일러두기

이 책은 제1부 읽기와 제2부 듣기로 구성되었다. 이 책에서 다루고 있는 TOPIK II −1(3급 수준) 단계의 읽기와 듣기의 문항별 분석 내용은 다음과 같다.

[읽기 내용 구성표]

대문항	평가 목표 및 발문	질문 유형
	토픽 읽기 시험의 구성, 3급 수준 영역 등	
[1–2]	짧은 서술문을 읽고 문맥을 파악할 수 있다. ( )에 들어갈 말로 가장 알맞은 것을 고르십시오.	연결 어미
		종결 어미
[3–4]	짧은 서술문을 읽고 문맥을 파악할 수 있다. 밑줄 친 부분과 의미가 가장 비슷한 것을 고르십시오.	유사 문법
[5–8]	광고를 읽고 화제를 파악할 수 있다. 다음은 무엇에 대한 글인지 고르십시오.	제품 광고
		업소 광고
		공익 광고
		광고의 상세 설명
[9–12]	안내문을 읽고 세부 내용을 파악할 수 있다. 다음 글 또는 그래프의 내용과 같은 것을 고르십시오.	안내문
	도표를 읽고 세부 내용을 파악할 수 있다. 다음 글 또는 그래프의 내용과 같은 것을 고르십시오.	그래프
	기사문을 읽고 세부 내용을 파악할 수 있다. 다음 글 또는 그래프의 내용과 같은 것을 고르십시오.	기사문 – 행사 소개
		기사문 – 정책
		기사문 – 사회 현상
		기사문 – 환경
[13–15]	간단한 글을 읽고 글 단위 관계를 추론할 수 있다. 다음을 순서에 맞게 배열한 것을 고르십시오.	동물
		건강
		교육
		문학
		문화 예술
		기타
[16–18]	글을 읽고 문맥을 파악할 수 있다. ( )에 들어갈 말로 가장 알맞은 것을 고르십시오.	두 내용이 짝이 되는 유형
		같거나 비슷한 내용을 바탕으로 종합적인 내용을 완성하는 유형
[19–20]	글을 읽고 문맥을 파악할 수 있다. ( )에 들어갈 말로 가장 알맞은 것을 고르십시오. 글을 읽고 세부 내용을 파악할 수 있다. 위 글의 내용과 같은 것을 고르십시오.	설명문 읽고 내용 파악하기

일러두기

[듣기 내용 구성표]

대문항	평가 목표 및 발문	질문 유형
	토픽 듣기 시험의 구성, 3급 수준 영역 등	
[1–3]	대화를 듣고 담화 상황을 추론할 수 있다. 다음 그림을 듣고 가장 알맞은 그림 또는 그래프를 고르십시오.	일상생활 대화
	뉴스를 듣고 담화 상황을 추론할 수 있다. 다음 그림을 듣고 가장 알맞은 그림 또는 그래프를 고르십시오.	뉴스
[4–8]	대화를 듣고 다음에 이어질 말을 파악할 수 있다. 다음을 듣고 이어질 수 있는 말로 가장 알맞은 것을 고르십시오.	일상생활 대화
		회사에서의 대화
[9–12]	대화를 듣고 대화 참여자의 이어질 행동을 추론할 수 있다. 다음을 듣고 여자가 이어서 할 행동으로 가장 알맞은 것을 고르십시오.	일상생활 대화
		회사에서의 대화
[13–16]	대화를 듣고 세부 내용을 파악할 수 있다. 다음을 듣고 들은 내용과 같은 것을 고르십시오.	일상생활 대화
	안내/공지를 읽고 세부 내용을 파악할 수 있다. 다음을 듣고 들은 내용과 같은 것을 고르십시오.	안내 방송
	뉴스/보도를 듣고 세부 내용을 파악할 수 있다. 다음을 듣고 들은 내용과 같은 것을 고르십시오.	뉴스
	인터뷰를 듣고 세부 내용을 파악할 수 있다. 다음을 듣고 들은 내용과 같은 것을 고르십시오.	인터뷰
[17–20]	대화를 듣고 중심 생각을 추론할 수 있다. 대화를 듣고 남자의 중심 생각으로 가장 알맞은 것을 고르십시오.	일상생활 대화
	인터뷰를 듣고 중심 생각을 추론할 수 있다. 대화를 듣고 남자의 중심 생각으로 가장 알맞은 것을 고르십시오.	인터뷰

차례

제1과

빈칸에 들어갈 맞는 문법 고르기

- 연결어미
- 종결어미

 학습 **TIP**

문제를 읽는다.

제시항(①②③④)에 쓰인 단어의 의미를 파악해 본다.

문제의 문장을 앞 내용과 뒤 내용으로 나누어 본다.

가장 잘 어울리는 표현을 찾아본다.

 교수학습 **TIP**

1. 학습자가 문제를 읽고 제시항(선택지)을 빈칸에 넣어 이해하는지 확인한다.

2. 정답이 되는 문형의 의미기능을 가르친다.

3. 정답이 아닌 선택지에 쓰인 문형을 학습자가 이해하는지 확인한다.

   - 이때 이들을 먼저 이해한 학습자들로 하여금 설명해 보게 한다.

4. 목표가 되는 문형 외의 문형은 간단하게 확인하는 차원에서 짚어주고 목표가 되는 문형에 집중하여 문장을 만들어

   보게 한다.

| 제1과 | 빈칸에 들어갈 맞는 문법(연결어미) 고르기 1 |

보기에 있는 단어의 의미를 파악해 보세요.
문제의 문장을 앞 내용과 뒤 내용으로 나누어 보세요.
어울리는 문법 표현이 쓰인 것을 찾아보세요.

---

1. 더운 여름에는 모자를 (   ) 선글라스를 낀다.

① 쓰는데   ② 쓰거나
③ 쓰도록   ④ 쓰길래

– (으)ㄴ/는데[대조, 설명]	여름에는 모자를 쓰는데 겨울에는 장갑을 낀다. 여름에는 모자를 쓰는데 햇빛이 강해서 머리가 뜨거워지기 때문이다.
– 거나[선택]	정답 문장을 이곳에 써 봅시다.
– 도록[목적이 되는 결과]	더운 여름에는 모자를 쓰도록 아이들에게 이야기해 주세요.
– 길래[행동의 이유]	사람들이 더운 여름에 모자를 쓰길래 저도 모자를 샀어요.

※ 문법 표현을 이용해서 문장을 만들어 봅시다.

| 제1과 | 빈칸에 들어갈 맞는 문법(연결어미) 고르기 2 |

보기에 있는 단어의 의미를 파악해 보세요.

문제의 문장을 앞 내용과 뒤 내용으로 나누어 보세요.

어울리는 문법 표현이 쓰인 것을 찾아보세요.

2. 친구에게 (   ) 꽃다발을 샀다.

    ① 선물해도   ② 선물할지

    ③ 선물하려고   ④ 선물하든지

– 아/어도[가정]	친구에게 선물해도 그 친구는 나를 좋아하지 않을 것이다.
– (으)ㄹ지[선택의 의문]	친구에게 선물을 할지 편지를 쓸지 고민 중이다.
– (으)려고[목적의 이유]	정답 문장을 이곳에 써 봅시다.
– 든지[상관없는 선택]	선물을 하든지 편지를 쓰든지 선택하세요.

※ 문법 표현을 이용해서 문장을 만들어 봅시다.

제1과	빈칸에 들어갈 맞는 문법(연결어미) 고르기 3

보기에 있는 단어의 의미를 파악해 보세요.

문제의 문장을 앞 내용과 뒤 내용으로 나누어 보세요.

어울리는 문법 표현이 쓰인 것을 찾아보세요.

---

3. 친구와 (　　　　　) 시간 가는 줄 몰랐다.

　① 쇼핑하느라　　　　　　　② 쇼핑하면서

　③ 쇼핑한 후에　　　　　　　④ 쇼핑하는 김에

– 느라[결과의 이유]	정답 문장을 이곳에 써 봅시다.
– (으)면서[동시동작]	친구와 쇼핑하면서 길거리 음식도 사 먹었다.
– (으)ㄴ 후에[순서]	친구와 쇼핑한 후에 식당에 갔다.
– 는 김에[계기가 되는 행동]	친구와 명동에서 쇼핑하는 김에 가까운 남산도 갔다.

※ 문법 표현을 이용해서 문장을 만들어 봅시다.

| 제1과 | 빈칸에 들어갈 맞는 문법(연결어미) 고르기 4 |

보기에 있는 단어의 의미를 파악해 보세요.

문제의 문장을 앞 내용과 뒤 내용으로 나누어 보세요.

어울리는 문법 표현이 쓰인 것을 찾아보세요.

4. 감기를 예방하기 위해서는 손발을 깨끗하게 (   ).

　① 씻나 보다　　　　　　　② 씻게 되었다

　③ 씻어야 한다　　　　　　④ 씻을 리가 없다

– 나 보다[추측]	화장실에서 안 오는 걸 보니 손발을 깨끗하게 씻나 보다.
– 게 되다[변화]	배탈이 난 후부터 손발을 씻게 되었다.
– 아/어야 하다[필수]	정답 문장을 이곳에 써 봅시다.
– (으)ㄹ 리가 없다[추측(불신)]	그 친구가 손발을 깨끗하게 씻을 리가 없다.

※ 문법 표현을 이용해서 문장을 만들어 봅시다.

_____

_____

_____

보기에 있는 단어의 의미를 파악해 보세요.
문제의 문장을 앞 내용과 뒤 내용으로 나누어 보세요.
어울리는 문법 표현이 쓰인 것을 찾아보세요.

5. 나는 어렸을 때 태권도를 (   ).
   ① 배우는 중이다   ② 배운 적이 있다
   ③ 배우려던 참이다   ④ 배울지도 모른다

– 는 중이다[과정의 진행]	지금 태권도를 배우는 중이다.
– (으)ㄴ 적이 있다[경험]	정답 문장을 이곳에 써 봅시다.
– (으)려던 참이다[행동 시작의 시점]	지금 막 태권도를 배우려던 참이다.
– (으)ㄹ지도 모르다[잘 모르는 추측]	내년부터는 태권도를 배울지도 모른다.

※ 문법 표현을 이용해서 문장을 만들어 봅시다.

_____

_____

_____

_____

제1과	빈칸에 들어갈 맞는 문법(연결어미) 고르기 6

보기에 있는 단어의 의미를 파악해 보세요.

문제의 문장을 앞 내용과 뒤 내용으로 나누어 보세요.

어울리는 문법 표현이 쓰인 것을 찾아보세요.

6. 요즘 전국적으로 산불이 자주 발생하고 있는 것은 날씨가 (　　　　).

　　① 건조해 보인다　　　　　　② 건조할 뿐이다

　　③ 건조하기 때문이다　　　　④ 건조하기 마련이다

– 아/어 보이다[눈에 보이는 판단]	겨울이 되어 피부가 건조해 보인다.
– (으)ㄹ 뿐이다[오직 그렇다고 생각]	날씨가 춥지 않고 건조할 뿐이다.
– 기 때문이다[이유]	정답 문장을 이곳에 써 봅시다.
– 기 마련이다[일상적인 사실]	겨울에는 공기가 건조하기 마련이다.

※ 문법 표현을 이용해서 문장을 만들어 봅시다.

문제로 익히기

[문제] 다음 (　　)에 들어갈 말로 가장 알맞은 것을 고르십시오.

1) 집에 (　　　) 손발을 깨끗하게 씻어야 한다.
　① 와야　　　　　　　　　　② 오는데
　③ 오지만　　　　　　　　　④ 오자마자

2) 김 선생님께서는 차를 (　　　) 커피를 좋아하신다.
　① 싫어하신다고　　　　　　② 싫어하시거든
　③ 싫어하실 텐데　　　　　　④ 싫어하시는 반면

3) 이 영화는 (　　　) 새로운 감동을 준다.
　① 보거나　　　　　　　　　② 보도록
　③ 볼수록　　　　　　　　　④ 보거든

4) 형은 키가 (　　　) 실력이 좋아서 농구를 잘한다.
　① 작아도　　　　　　　　　② 작든지
　③ 작아서　　　　　　　　　④ 작아야

5) 지하철역에 (　　　) 지갑을 놓고 온 것을 알았다.
　① 도착하면　　　　　　　　② 도착하느라
　③ 도착하기 위해　　　　　　④ 도착하고 나서

밑줄 친 부분과 의미가 비슷한 것 고르기

– 유사한 문법 표현 찾기

– 문법 표현의 기능 알기

학습 TIP

문제의 밑줄 친 부분을 주의해서 읽는다.

어떤 기능을 가진 것인지, 문장의 의미를 잘 파악한다.

제시항(①②③④)에 쓰인 표현을 문장에 넣어서 이해해 본다.

가장 비슷하지 않은 것에 X 표 한다.

남은 것 중에서 가장 적절한 것을 고른다.

교수학습 TIP

1. 학습자가 문제를 읽으면서 밑줄 친 부분을 이해하는지 확인한다.

2. 정답이 되는 문형의 의미와 기능을 가르친다.

3. 정답과 유사한 문법 표현을 읽히고 이해하도록 유도한다.

4. 정답 표현과 유사한 표현을 사용하여 문장을 만들고 서로 이야기해 보게 한다.

제2과	밑줄 친 부분과 의미가 비슷한 것 고르기 1

중급 수준의 문법 기능과 의미를 알아야 합니다.

밑줄 친 부분의 문법을 확인하세요.

어떤 기능을 가진 문법인지 파악하세요.

기능으로 찾을 수 없으면 의미가 비슷한 것을 찾으세요.

---

1. 졸업 후 좋은 회사에 <u>취직하기 위해</u> 열심히 공부하고 있다.

   ① 취직하다가   ② 취직하고자

   ③ 취직한다면   ④ 취직할수록

[후행절 내용의 목적]을 나타내는 문법 표현은 다음과 같습니다.

– 기 위해(서)

– (으)려고

– 고자

→ [목적] + 그 목적을 이루기 위해 하는 것

이들 표현을 이용해서 문장을 만들면 다음과 같습니다.

→ 졸업 후 좋은 회사에 <u>취직하기 위해(서)</u> 열심히 공부하고 있다.

→ 졸업 후 좋은 회사에 <u>취직하려고</u> 열심히 공부하고 있다.

→ 졸업 후 좋은 회사에 <u>취직하고자</u> 열심히 공부하고 있다.

※ 표현을 이용해서 문장을 만들어 봅시다.

| 제2과 | 밑줄 친 부분과 의미가 비슷한 것 고르기 2 |

중급 수준의 문법 기능과 의미를 알아야 합니다.

밑줄 친 부분의 문법을 확인하세요.

어떤 기능을 가진 문법인지 파악하세요.

기능으로 찾을 수 없으면 의미가 비슷한 것을 찾으세요.

---

2. 늦잠을 자서 서둘러 <u>나오는 바람에</u> 지갑을 안 가지고 나왔다.

① 나오느라고 　　　　　　② 나오는 반면

③ 나오는 동안에 　　　　　④ 나올지 몰라서

[후행절 내용의 이유]를 나타내는 문법 표현은 다음과 같습니다.

– 는 바람에

– 느라고

– (으)ㄴ 탓에

→ [이유] + 그것으로 인해 생긴 결과

이들 표현을 이용해서 문장을 만들면 다음과 같습니다.

→ 늦잠을 자서 서둘러 <u>나오는 바람에</u> 지갑을 안 가지고 왔다.

→ 늦잠을 자서 서둘러 <u>나오느라고</u> 지갑을 안 가지고 왔다.

→ 늦잠을 자서 서둘러 <u>나온 탓에</u> 지갑을 안 가지고 왔다.

※ 표현을 이용해서 문장을 만들어 봅시다.

제2과	밑줄 친 부분과 의미가 비슷한 것 고르기 3

중급 수준의 문법 기능과 의미를 알아야 합니다.

밑줄 친 부분의 문법을 확인하세요.

어떤 기능을 가진 문법인지 파악하세요.

기능으로 찾을 수 없으면 의미가 비슷한 것을 찾으세요.

---

3. 집이 조용한 걸 보니 아직 아무도 안 <u>온 듯하다.</u>

　　① 안 온 편이다　　　　　② 안 왔나 보다

　　③ 안 오기도 한다　　　　④ 안 온 체했다

[완료의 추측]을 나타내는 문법 표현은 다음과 같습니다.

－ ㄴ 듯하다.

－ ㄴ 것 같다.

－ 었나 보다.

－ ㄴ 모양이다.

→ 앞 내용(선행절) + [완료의 추측]

이들 표현을 이용해서 문장을 만들면 다음과 같습니다.

→ 집이 조용한 걸 보니 아직 아무도 안 <u>온 듯하다.</u>

→ 집이 조용한 걸 보니 아직 아무도 안 <u>온 것 같다.</u>

→ 집이 조용한 걸 보니 아직 아무도 안 <u>왔나 보다.</u>

→ 집이 조용한 걸 보니 아직 아무도 안 <u>온 모양이다.</u>

※ 표현을 이용해서 문장을 만들어 봅시다.

제2과	밑줄 친 부분과 의미가 비슷한 것 고르기 4

중급 수준의 문법 기능과 의미를 알아야 합니다.

밑줄 친 부분의 문법을 확인하세요.

어떤 기능을 가진 문법인지 파악하세요.

기능으로 찾을 수 없으면 의미가 비슷한 것을 찾으세요.

---

4. 내 생일을 잊지 않고 축하해 준 동료들에게 <u>고마울 뿐이다.</u>

① 고마울 리 없다   ② 고맙기 십상이다

③ 고맙기 나름이다   ④ 고마울 따름이다

[유일함/제한]을 나타내는 문법 표현은 다음과 같습니다.

– (으)ㄹ 뿐이다.

– (으)ㄹ 따름이다.

→ 앞 내용(선행절) + [그래서 내가 지금 생각하는 유일한 것]

이들 표현을 이용해서 문장을 만들면 다음과 같습니다.

→ 내 생일을 잊지 않고 축하해 준 동료들에게 <u>고마울 뿐이다.</u>

→ 내 생일을 잊지 않고 축하해 준 동료들에게 <u>고마울 따름이다.</u>

※ 표현을 이용해서 문장을 만들어 봅시다.

문제로 익히기

[문제] 밑줄 친 부분과 의미가 가장 비슷한 것을 고르십시오.

6) 시험에 합격하는 것은 <u>노력하기에 달려 있다.</u>
    ① 노력하기 나름이다   ② 노력할 따름이다
    ③ 노력하기 마련이다   ④ 노력하는 편이다

7) 그 사람한테 <u>부탁해 봐야</u> 거절할 게 뻔하다.
    ① 부탁할 만큼   ② 부탁하는 김에
    ③ 부탁하는 대신   ④ 부탁한다고 해도

8) 그 공연은 모든 사람들이 일어나서 박수를 <u>칠 만큼</u> 멋있었다.
    ① 치는 반면   ② 칠 정도로
    ③ 칠 수밖에   ④ 칠지 몰라서

9) 한국어를 다 <u>배운 후에</u> 고향에 돌아가려고 한다.
    ① 배울 때   ② 배우면서
    ③ 배우고 나서   ④ 배우는 동안에

내용과 관계있는 것 고르기

- 제시된 글의 명사와 동사의 의미를 파악하기
- 정보 "누가, 언제, 어디서, 무엇을, 어떻게, 왜" 파악하기
- 최신 화제를 성별, 연령별, 세대별, 지역별로 구분하여 이해하기
- 지문과 내용이 같은 선택지를 고르기

학습 TIP

제시된 글에 담긴 정보를 주의해서 읽는다.

제시항(선택지)에 쓰인 단어와 연결이 되는지 확인한다.

"누가, 언제, 어디서, 무엇을, 어떻게, 왜"에 집중해서 분석한다.

가장 어울리지 않는 것에 X 표 한다.

남은 것 중에서 가장 적절한 것을 고른다.

교수학습 TIP

1. 학습자가 선택지에 쓰인 단어를 이해하는지 확인한다.

2. 문제로 제시된 글을 읽고 핵심이 되는 표현을 기본형으로 정리해 보도록 유도한다.

3. 선택지에 쓰인 것들과 가장 관련이 높은 것을 찾도록 한다.

4. 선택지의 사물/장소/주제 등을 드러내는 문장을 만들고 서로 정보차 활동을 하게 한다.

4. 틀린 정보를 확인하고 그 부분을 정확한 정보로 만들어서 발표해 보게 한다.

| 제3과 | 내용과 관계있는 것 고르기 1 |

선택지를 먼저 봅니다.

문제의 글 안에서 명사와 동사의 의미를 파악합니다.

관련된 선택지를 찾습니다.

'사물'과 관계있는 문제입니다.

1.

> 빠르고 간편하게 쓸고 닦고!
>
> 당신의 집이 깨끗해집니다.

① 노트북　　　② 냉장고　　　③ 청소기　　　④ 세탁기

제시된 글에서 핵심이 되는 부분은 어디일까요?

그 부분에 표시하고 다음 줄에 적어 봅시다.

→ 빠르다, 간편하다, 쓸다, 닦다, 깨끗해지다

표시한 부분과 관련이 되는 사물을 선택지에서 찾아봅시다.

노트북 – 빠르다, 편하다, 가지고 다니다, 가볍다.

냉장고 – 신선하다, 온도, 시원하다, 차갑다.

청소기 – 깨끗하다, 쓸다, 닦다, 먼지, 구석구석.

세탁기 – 옷, 세제, 깨끗하다, 건조하다.

※ 정답이 아닌 선택지의 **사물**들을 설명하는 문장을 만들어 봅시다.

제3과	내용과 관계있는 것 고르기 2

선택지를 먼저 봅니다.

문제의 글 안에서 명사와 동사의 의미를 파악합니다.

관련된 선택지를 찾습니다.

'사물'과 관계있는 문제입니다.

2.

> 칼슘 가득!
>
> 하루 한 잔, 뼈가 튼튼해집니다.

① 우유　　　　② 커피　　　　③ 주스　　　　④ 콜라

제시된 글에서 핵심이 되는 부분은 어디일까요?

그 부분에 표시하고 다음 줄에 적어 봅시다.

→ _____

표시한 부분과 관련이 되는 사물을 선택지에서 찾아봅시다.

우유 – 한 잔, 칼슘, 뼈, 튼튼하다, 영양.

커피 – 한 잔, 눈을 뜨다, 카페인.

주스 – 한 잔, 과일, 비타민.

콜라 – 한 산, 싸릿하나.

※ 정답이 아닌 선택지의 **사물**들을 설명하는 문장을 만들어 봅시다.

선택지를 먼저 봅니다.

문제의 글 안에서 명사와 동사의 의미를 파악합니다.

관련된 선택지를 찾습니다.

'장소'와 관계있는 문제입니다.

3.

> 이가 아프세요?
>
> 지금 바로 안으로 들어오세요.

① 치과   ② 서점   ③ 영화관   ④ 수리점

제시된 글에서 핵심이 되는 부분은 어디일까요?

그 부분에 표시하고 다음 줄에 적어 봅시다.

→ _____

표시한 부분과 관련이 되는 장소를 선택지에서 찾아봅시다.

치과 – 이, 치아, 아프다, 씹다, 힘들다, 치료하다.

서점 – 책, 한 권, 선물하다.

영화관 – 화면, 소리, 좌석, 편안하다, 데이트.

수리점 – 고장나다, 망가지다, 고치다, 물건.

※ 정답이 아닌 선택지의 **장소**들을 설명하는 문장을 만들어 봅시다.

제3과	내용과 관계있는 것 고르기 4

선택지를 먼저 봅니다.

문제의 글 안에서 명사와 동사의 의미를 파악합니다.

관련된 선택지를 찾습니다.

'장소'와 관계있는 문제입니다.

4.

> 가족과의 추억을 남기세요.
>
> 예쁘게 찍어 드립니다!

① 학원　　　② 세탁소　　　③ 사진관　　　④ 편의점

제시된 글에서 핵심이 되는 부분은 어디일까요?

그 부분에 표시하고 다음 줄에 적어 봅시다.

→ _____

표시한 부분과 관련이 되는 장소를 선택지에서 찾아봅시다.

학원 – 시작하다, 배우다.

세탁소 – 옷, 빨다, 깨끗하다, 이불, 운동화, 맡기다.

사진관 – 특별하다, 추억, 촬영, 액자, 한 장.

편의점 – 1년 365일, 24시간, 언제든지, 택배, 식품.

※ 정답이 아닌 선택지의 **장소**들을 설명하는 문장을 만들어 봅시다.

제3과	내용과 관계있는 것 고르기 5

선택지를 먼저 봅니다.

문제의 글 안에서 명사와 동사의 의미를 파악합니다.

관련된 선택지를 찾습니다.

'캠페인, 표어'와 관계있는 문제입니다.

5.

> 안 쓰는 플러그는 뽑기! 컴퓨터는 절전 모드!
>
> 함께 지켜 주세요.

① 전기 절약　　　② 자리 양보　　　③ 건강 관리　　　④ 음주 운전

제시된 글에서 핵심이 되는 부분은 어디일까요?

그 부분에 표시하고 다음 줄에 적어 봅시다.

→ _____

표시한 부분과 관련이 되는 내용을 선택지에서 찾아봅시다.

전기 절약 – 전원, 끄다, 낭비하다, 아끼다, 불, 플러그, 빼다, 뽑다, 절전.

자리 양보 – 몸이 불편하다, 임산부, 노인, 어린이, 배려하다, 비워 두다.

건강 관리 – 운동, 걷기, 물 마시기, 습관, 건강.

음주 운전 – 한 잔, 생명, 건강, 자신, 타인, 잃다.

※ 정답이 아닌 선택지의 **내용**들을 설명하는 문장을 만들어 봅시다.

_____

_____

_____

제3과	내용과 관계있는 것 고르기 6

선택지를 먼저 봅니다.

문제의 글 안에서 명사와 동사의 의미를 파악합니다.

관련된 선택지를 찾습니다.

'캠페인, 표어'와 관계있는 문제입니다.

6.

> 당신이 버린 쓰레기
> 당신에게 다시 돌아옵니다.

① 봉사 활동　　　② 자원 절약　　　③ 환경 보호　　　④ 공공 예절

제시된 글에서 핵심이 되는 부분은 어디일까요?

그 부분에 표시하고 다음 줄에 적어 봅시다.

→ _____

표시한 부분과 관련이 되는 내용을 선택지에서 찾아봅시다.

봉사 활동 – 이웃, 도움, 나누다, 시간, 재능, 관심.

자원 절약 – 아끼다, 소중하다, 물, 전기, 에너지.

환경 보호 – 쓰레기, 돌아오다, 지키다, 미래, 푸른 숲, 맑은 강.

공공 예절 – 조용히, 휴대폰, 버스, 지하철, 기자, 공공장소.

※ 정답이 아닌 선택지의 **내용**들을 설명하는 문장을 만들어 봅시다.

_____

_____

_____

선택지를 먼저 봅니다.

문제의 글 안에서 명사와 동사의 의미를 파악합니다.

관련된 선택지를 찾습니다.

'안내, 설명, 주의 사항, 사용 방법'과 관계있는 문제입니다.

7.

> ▶ 구매 후 1주일 내에 신청하시면 원하시는 제품으로 바꿔 드립니다.
>
> ▶ 구매 영수증과 결제한 카드를 지참하세요.

① 여행 소개   ② 요리 순서   ③ 교환 안내   ④ 구입 방법

제시된 글에서 핵심이 되는 부분은 어디일까요?

그 부분에 표시하고 다음 줄에 적어 봅시다.

→ _____

표시한 부분과 관련이 되는 주제를 선택지에서 찾아봅시다.

여행 소개 – 여행지, 가격, 1박 2일, 항공권, 숙박.

요리 순서 – 끓이다, 넣다, 삶다, 썰다.

교환 안내 – 영수증, 1주일 내, 바꾸다, 지참하다.

구입 방법 – 현금, 카드, 인터넷, 전화, 쇼핑몰.

※ 정답이 아닌 선택지의 **주제**들을 설명하는 문장을 만들어 봅시다.

제3과	내용과 관계있는 것 고르기 8

선택지를 먼저 봅니다.

문제의 글 안에서 명사와 동사의 의미를 파악합니다.

관련된 선택지를 찾습니다.

'안내, 설명, 주의 사항, 사용 방법'과 관계있는 문제입니다.

8.

> 1. 스피커의 전원을 켜세요.
>
> 2. 빨간 버튼을 약 3초간 누르세요.
>
> 3. 원하는 노래를 선택하고 시작 버튼을 누르세요.

① 영화 소개　　　② 사용 방법　　　③ 관람 안내　　　④ 상담 안내

제시된 글에서 핵심이 되는 부분은 어디일까요?

그 부분에 표시하고 다음 줄에 적어 봅시다.

→ _____

표시한 부분과 관련이 되는 주제를 선택지에서 찾아봅시다.

영화 소개 – 개봉하다, 상영하다, 주연, 배우, 감독.

사용 방법 – 전원, 켜다, 누르다, 선택하다.

관람 안내 – 입장하다, 되징하다, 금지하다, 음식물, 촬영.

상담 안내 – 문의 사항, 게시판, 전화, 인터넷.

※ 정답이 아닌 선택지의 **주제**들을 설명하는 문장을 만들어 봅시다.

_____

_____

_____

문제로 익히기

[문제] 다음은 무엇에 대한 글인지 고르십시오.

10)

> 시원한 바람 솔솔!
> 일찍 온 더위, 고민하면 늦습니다.

① 침대　　　② 에어컨　　　③ 냉장고　　　④ 텔레비전

11)

> 가족과 함께 떠나는 여행!
> 더 멋있게 더 안전하게 운전하세요.

① 버스　　　② 비행기　　　③ 지하철　　　④ 자동차

12)

> 여름휴가는 여기로!
> 수영도 하고 모래성도 만드세요.

① 산　　　② 숲　　　③ 계곡　　　④ 바다

13)

> 없는 물건이 없다!
> 초특가 세일! 오늘이 마지막입니다.

① 마트　　　② 병원　　　③ 은행　　　④ 세탁소

14)

> 잠깐! 손 씻고 드셔야죠.
> 작은 것부터 실천하세요.

① 건강 관리　　② 봉사 활동　　③ 체육 활동　　④ 시간 관리

15)

> 자동차는 안전벨트, 자전거는 헬멧!
> 스스로를 지키는 방법입니다.

① 환경 보호　　② 안전 관리　　③ 전기 절약　　④ 식사 예절

16)

> ▶ 관광 도시 및 기간 : 제주 3박 4일
> ▶ 교통편 : 춘천항공 비행기
> ▶ 금액 : 590,000원(교통편, 숙소 포함)

① 여행 광고　　② 사원 모집　　③ 사용 방법　　④ 제품 설명

17)

> ▶ 최대 30%까지 싸게 사실 수 있습니다.
> ▶ 3월 2일 단 하루만 진행합니다.

① 할인 안내　　② 구매 방법　　③ 직원 모집　　④ 상품 광고

제3과	내용과 관계있는 것 고르기 9

선택지를 먼저 봅니다.

선택지의 정보를 안내문과 하나하나 비교하면서 찾으세요.

안내문 전체를 읽지 않아도 됩니다.

선택지의 누가, 언제, 어디서, 무엇을, 어떻게, 왜 관련 정보를 정확히 파악합니다.

'지역 행사, 축제, 생활 정보' 등 행사를 소개하는 글입니다.

9. 다음 글 또는 도표의 내용과 **같은** 것을 고르십시오.

제5회 춘천 개나리 축제

구분	입장료
어른(20세 이상)	10,000원
청소년(14세~19세)	8,000원
어린이(13세 이하)	7,000원
단체(20인 이상)	6,500원

※ 단체 요금은 평일에만 가능합니다.
※ 청소년 할인을 위해 학생증이나 청소년증이 필요합니다.
※ 재방문하시는 경우 1,000원을 할인해 드립니다.

① 이 행사는 올해 처음 시작했다.
② 주말에도 단체 할인을 받을 수 있다.
③ 축제에 두 번째 오는 사람은 입장료가 무료다.
④ 청소년은 학생증이나 청소년증이 있어야 할인을 받을 수 있다.

다음 중 틀린 내용이 무엇인지 빈칸에 정리해 봅시다.

이 행사는 올해 처음 시작했다.	* 제5회이므로 올해는 다섯 번째 행사이다. 틀림.
주말에도 단체 할인을 받을 수 있다.	
축제에 두 번째 오는 사람은 입장료가 무료다.	
청소년은 학생증이나 청소년증이 있어야 할인을 받을 수 있다.	

제3과	내용과 관계있는 것 고르기 10

선택지를 먼저 봅니다.

선택지의 정보를 안내문과 하나하나 비교하면서 찾으세요.

안내문 전체를 읽지 않아도 됩니다.

선택지의 누가, 언제, 어디서, 무엇을, 어떻게, 왜 관련 정보를 정확히 파악합니다.

'지역 행사, 축제, 생활 정보' 등 행사를 소개하는 글입니다.

10. 다음 글 또는 도표의 내용과 **같은** 것을 고르십시오.

10월 등산 모임 안내 : 삼악산에 갑시다	
일시	10월 9일 금요일 오전 8시~오후 6시
출발 장소	송곡대학교 운동장
대상	20세 이상 남녀
참가비	1인당 5만 원(버스, 식사 포함)
신청 기간	9월 1일(월)~9월 5일(금)
신청 방법	전화 접수(033-260-3600)

① 5일 동안 모임 신청을 받는다.

② 10월에 등산모임을 신청해도 된다.

③ 고등학생도 등산모임에 참가할 수 있다.

④ 참가비 이외에 식비와 교통비를 따로 내야 한다.

다음 중 틀린 내용이 무엇인지 빈칸에 정리해 봅시다.

5일 동안 모임 신청을 받는다.	
10월에 등산모임을 신청해도 된다.	* 신청 기간이 10월인가?
고등학생도 등산모임에 참가할 수 있다.	
참가비 이외에 식비와 교통비를 따로 내야 한다.	

제3과	내용과 관계있는 것 고르기 11

선택지를 먼저 봅니다.

선택지의 정보를 안내문과 하나하나 비교하면서 찾으세요.

안내문 전체를 읽지 않아도 됩니다.

선택지의 누가, 언제, 어디서, 무엇을, 어떻게, 왜 관련 정보를 정확히 파악합니다.

'지역 행사, 축제, 생활 정보' 등 행사를 소개하는 글입니다.

11. 다음 글 또는 도표의 내용과 **같은** 것을 고르십시오.

제10회 송곡대학교 캠퍼스 사진전

송곡대 학생 20인의 사진 전시회가 열립니다.
이번 전시회의 주제는 '캠퍼스의 여름'입니다.

전시 기간	2021년 8월 1일(월)~8월 3일(수)
관람 시간	09:00~18:00
관람료	무료

※ 매일 오후 2시에 사진작가와 대화 시간이 있습니다.

---

① 사흘 동안 전시회를 관람할 수 있다.

② 모든 송곡대 학생들이 전시회에 참여했다.

③ 전시회를 관람하기 위해 관람료를 내야 한다.

④ 작가와 대화는 전시회 기간 중 1번 진행된다.

다음 중 틀린 내용이 무엇인지 빈칸에 정리해 봅시다.

사흘 동안 전시회를 관람할 수 있다.	* 3일이 사흘인가?
모든 송곡대 학생들이 전시회에 참여했다.	
전시회를 관람하기 위해 관람료를 내야 한다.	
작가와 대화는 전시회 기간 중 1번 진행된다.	

제3과	내용과 관계있는 것 고르기 12

선택지를 먼저 봅니다.

선택지의 정보를 도표와 하나하나 비교하면서 찾으세요.

도표 전체를 읽지 않아도 됩니다.

최신 화제를 성별, 연령별, 세대별, 지역별로 구분해 설문 조사를 한 내용.

'주로 원 그래프나 막대그래프'로 출제됩니다.

12. 다음 글 또는 도표의 내용과 **같은** 것을 고르십시오.

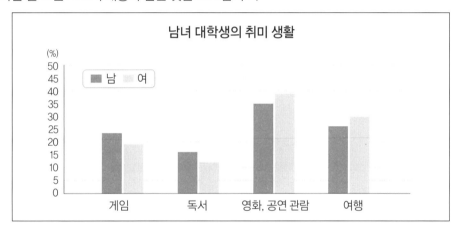

① 여성은 게임보다 독서하는 것을 더 좋아한다.

② 남녀 대학생 모두 영화, 공연 관람을 가장 선호했다.

③ 여행을 좋아하는 사람은 여성보다 남성이 더 많았다.

④ 남성은 여행보다 게임을 더 좋아하는 것으로 나타났다.

다음 중 틀린 내용이 무엇인지 빈칸에 정리해 봅시다.

여성은 게임보다 독서하는 것을 더 좋아한다.	* 여성과 남성의 그래프를 잘 비교해 보자.
남녀 대학생 모두 영화, 공연 관람을 가장 선호했다.	
여행을 좋아하는 사람은 여성보다 남성이 더 많았다.	
남성은 여행보다 게임을 더 좋아하는 것으로 나타났다.	

선택지를 먼저 봅니다.

선택지의 정보를 도표와 하나하나 비교하면서 찾으세요.

도표 전체를 읽지 않아도 됩니다.

최신 화제를 성별, 연령별, 세대별, 지역별로 구분해 설문 조사를 한 내용.

'주로 원 그래프나 막대그래프'로 출제됩니다.

13. 다음 글 또는 도표의 내용과 **같은** 것을 고르십시오.

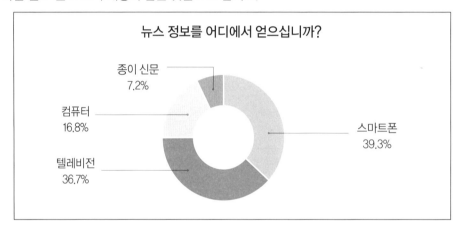

① 컴퓨터로 뉴스 정보를 얻는 사람이 가장 적다.

② 스마트폰보다 텔레비전으로 뉴스를 보는 사람이 더 많다.

③ 텔레비전으로 뉴스 정보를 얻는 사람이 전체의 반 이상이다.

④ 컴퓨터로 정보를 얻는 사람이 텔레비전을 이용하는 사람보다 적다.

다음 중 틀린 내용이 무엇인지 빈칸에 정리해 봅시다.

컴퓨터로 뉴스 정보를 얻는 사람이 가장 적다.	* 원으로 된 부분에 표시된 항목들의 비율(%)을 잘 확인해 보자.
스마트폰보다 텔레비전으로 뉴스를 보는 사람이 더 많다.	
텔레비전으로 뉴스 정보를 얻는 사람이 전체의 반 이상이다.	
컴퓨터로 정보를 얻는 사람이 텔레비전을 이용하는 사람보다 적다.	

제3과	내용과 관계있는 것 고르기 14

선택지를 먼저 봅니다.

선택지의 정보를 도표와 하나하나 비교하면서 찾으세요.

도표 전체를 읽지 않아도 됩니다.

최신 화제를 성별, 연령별, 세대별, 지역별로 구분해 설문 조사를 한 내용.

'주로 원 그래프나 막대그래프'로 출제됩니다.

14. 다음 글 또는 도표의 내용과 **같은** 것을 고르십시오.

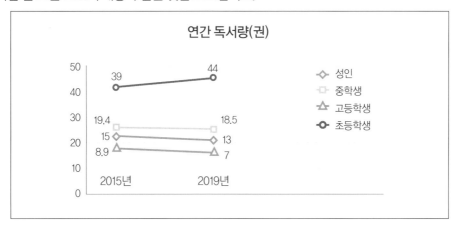

① 성인의 연간 독서량이 가장 적은 것으로 나타났다.

② 초등학생보다 중학생이 1년 동안 더 많은 책을 읽는다.

③ 2019년 중학생 독서량은 고등학생과 2배 이상 차이가 난다.

④ 모든 나이 대에서 2015년보다 2019년의 독서량이 줄어들있다.

다음 중 틀린 내용이 무엇인지 빈칸에 정리해 봅시다.

성인의 연간 독서량이 가장 적은 것으로 나타났다.	* 그래프에 적힌 수치(숫자)를 잘 비교해 보자.
초등학생보다 중학생이 1년 동안 더 많은 책을 읽는다.	
2019년 중학생 독서량은 고등학생과 2배 이상 차이가 난다.	
모든 나이 대에서 2015년보다 2019년의 독서량이 줄어들었다.	

먼저 문제의 지문을 읽으세요.

이때, 중요하다고 생각되는 부분에 밑줄을 치면서 읽으세요.

지문과 내용이 같은 선택지를 골라야 합니다.

'행사'를 소개하는 기사문입니다.

15. 다음 글 또는 도표의 내용과 **같은 것**을 고르십시오.

> 　지난 10월 9일 금요일, 한국학당 온라인 한국어 말하기 대회가 개최되었다. 한국에 거주하지 않는 75개국 1,900명의 외국인이 참가하였다. 이 대회의 주제는 '내가 만난 한국인'으로 모든 참가자들은 5분씩 발표하였다.
> 　참가자들은 한국 도서와 케이팝(K-pop) 앨범을 기념품으로 받았다. 또한 대상, 최우수상을 수상한 참가자 10명은 내년부터 한국 송곡대학교에서 1년 동안 한국어 연수를 받게 된다.

① 한국에 살고 있는 사람도 대회에 참가하였다.

② 대회에서 발표할 수 있는 시간은 제한이 있었다.

③ 모든 참가자들은 한국에서 한국어 공부를 하게 된다.

④ 참가자들은 한국 도서와 케이팝에 대하여 발표하였다.

다음 중 틀린 내용이 무엇인지 빈칸에 정리해 봅시다.

한국에 살고 있는 사람도 대회에 참가하였다.	* 어디에 사는 외국인이 참가했는가?
대회에서 발표할 수 있는 시간은 제한이 있었다.	
모든 참가자들은 한국에서 한국어 공부를 하게 된다.	
참가자들은 한국 도서와 케이팝에 대하여 발표하였다.	

먼저 문제의 지문을 읽으세요.

이때, 중요하다고 생각되는 부분에 밑줄을 치면서 읽으세요.

지문과 내용이 같은 선택지를 골라야 합니다.

'행사'를 소개하는 기사문입니다.

16. 다음 글 또는 도표의 내용과 **같은 것**을 고르십시오.

> 다음 주 수요일(10월 14일) 밤, 일반인들도 크고 밝은 화성을 눈으로 볼 수 있을 것으로 보인다. 태양, 지구, 화성이 정확히 일직선에 위치하기 때문이다. 최근 가장 큰 화성은 지난 2003년에 볼 수 있었고, 이번만큼 큰 화성은 오는 2035년에 다시 볼 수 있다.
>
> 송곡박물관에서도 10월 한 달 동안 화성 사진 전시회를 진행한다. 오전 9시부터 오후 6시까지 관람 가능하고, 시간당 20명의 참가자만 입장할 수 있다.

① 14일 밤에 화성을 보기 위해서는 망원경이 필요하다.

② 하루에 스무 명의 관람객만 사진 전시회를 볼 수 있다.

③ 송곡박물관에서는 1년 내내 화성 사진 전시회를 연다.

④ 다음 주 수요일 이후, 가장 큰 화성은 2035년에 볼 수 있을 것이다.

다음 중 틀린 내용이 무엇인시 빈칸에 성리해 봅시다.

14일 밤에 화성을 보기 위해서는 망원경이 필요하다.	
하루에 스무 명의 관람객만 사진 전시회를 볼 수 있다.	
송곡박물관에서는 1년 내내 화성 사진 전시회를 연다.	* 화성 사진 전시회를 10월 한 달 동안 진행한다.
다음 주 수요일 이후, 가장 큰 화성은 2035년에 볼 수 있을 것이다.	

먼저 문제의 지문을 읽으세요.

이때, 중요하다고 생각되는 부분에 밑줄을 치면서 읽으세요.

지문과 내용이 같은 선택지를 골라야 합니다.

'정책'을 소개하는 기사문입니다.

17. 다음 글 또는 도표의 내용과 **같은 것**을 고르십시오.

> 춘천시는 대한민국 최초로 모든 시민을 대상으로 상해의료비 지원을 시행하겠다고 밝혔다. 이에 따라 춘천시 주민은 올해 10월 1일부터 내년 9월 30일까지 재난이나 안전사고로 발생한 상해의료비를 1인당 200만 원까지 보상받을 수 있다. 보장 대상은 외국인을 포함한 춘천 시민으로서 별도의 보험 가입 절차 없이 자동으로 가입된다. 자세한 사항은 춘천시 시민생활안전보험 접수센터로 문의하면 된다.

① 춘천 시민이면 누구나 가입할 수 있다.

② 서울시는 상해의료비 지원을 시행한다.

③ 외국인은 별도의 보험 가입 절차가 필요하다.

④ 강원도 시민생활안전보험 접수센터에서 신청을 받는다.

다음 중 틀린 내용이 무엇인지 빈칸에 정리해 봅시다.

춘천 시민이면 누구나 가입할 수 있다.	* 모든 시민 = 누구나인가?
서울시는 상해의료비 지원을 시행한다.	
외국인은 별도의 보험 가입 절차가 필요하다.	
강원도 시민생활안전보험 접수센터에서 신청을 받는다.	* 문의하다 : 물어보다와 같은 말이다.

먼저 문제의 지문을 읽으세요.

이때, 중요하다고 생각되는 부분에 밑줄을 치면서 읽으세요.

지문과 내용이 같은 선택지를 골라야 합니다.

'정책'을 소개하는 기사문입니다.

18. 다음 글 또는 도표의 내용과 **같은 것**을 고르십시오.

> 서울시는 관악산~안양천, 북한산~우이동 천변 일대에 '도시 바람길 숲'을 조성한다고 밝혔다. 관악산과 북한산에서 밤사이 생성되는 공기가 서울 도심으로 흐를 수 있도록 길을 열어주는 숲이다.
>
> 이는 소규모 숲을 만들어 기온 차에 따른 바람을 생성하는 방식으로 작동한다. 숲 조성이 완성되면 여름철 인근 도심 평균기온이 3~7도 낮아질 것으로 기대하고 있다.

① 숲이 만들어지면 도심이 시원해질 것이다.

② 밤사이 생성된 공기는 도심에서 숲으로 흐른다.

③ 서울시는 숲속에 바람길을 만드는 사업을 시행한다.

④ '도시 바람길 숲'은 관악산과 북한산을 이어주는 숲이다.

나음 중 틀린 내용이 부엇인지 빈칸에 정리해 봅시다.

숲이 만들어지면 도심이 시원해질 것이다.	* 도심 : 도시의 중심부를 말한다.
밤사이 이 생성된 공기는 도심에서 숲으로 흐른다.	* 밤사이 : 밤이 지나는 동안을 말한다.
서울시는 숲속에 바람 길을 만드는 사업을 시행한다.	
'도시 바람길 숲'은 관악산과 북한산을 이어주는 숲이다.	

먼저 문제의 지문을 읽으세요.

이때, 중요하다고 생각되는 부분에 밑줄을 치면서 읽으세요.

지문과 내용이 같은 선택지를 골라야 합니다.

'사회의 여러 현상'을 소개하는 기사문입니다.

---

19. 다음 글 또는 도표의 내용과 **같은** 것을 고르십시오.

> 최근 채식에 대한 관심이 크게 증가하고 있다. 채식을 통해 환경오염을 막는 것은 물론 식습관을 개선할 수 있다고 알려졌기 때문이다.
>
> 그런데 채식주의자라고 해서 모두가 '채소'만 먹는 것은 아니다. '베지테리언'은 채소와 달걀, 또는 우유를 먹고, '세미 베지테리언'의 경우 채소, 달걀, 우유뿐 아니라 상황에 따라 닭고기와 오리고기를 먹기도 한다.

① '세미 베지테리언'은 채소와 달걀만을 먹는다.

② 채식주의자들은 모든 상황에서 채소만 먹는다.

③ '베지테리언'은 상황에 따라 고기를 먹기도 한다.

④ 채식을 하면 환경을 보호할 수 있다는 의견이 있다.

다음 중 틀린 내용이 무엇인지 빈칸에 정리해 봅시다.

'세미 베지테리언'은 채소와 달걀만을 먹는다.	* 세미 : '완전히'가 아닌 '절반' 정도를 말한다.
채식주의자들은 모든 상황에서 채소만 먹는다.	
'베지테리언'은 상황에 따라 고기를 먹기도 한다.	
채식을 하면 환경을 보호할 수 있다는 의견이 있다.	

| 제3과 | 내용과 관계있는 것 고르기 20 |

먼저 문제의 지문을 읽으세요.

이때, 중요하다고 생각되는 부분에 밑줄을 치면서 읽으세요.

지문과 내용이 같은 선택지를 골라야 합니다.

'사회의 여러 현상'을 소개하는 기사문입니다.

20. 다음 글 또는 도표의 내용과 **같은** 것을 고르십시오.

> 최근 전자책 이용자가 빠르게 늘어나고 있다. 전자책을 구입한 사람에게 전자책의 장점을 질문한 결과, 종이책에 비해 가격이 저렴하고, 많은 책을 쉽게 가지고 다닐 수 있다고 응답하였다.
>
> 전자책 이용자들이 구입을 희망하는 책의 장르는 소설책과 만화책으로 나타났다. 한편 이번 설문 조사는 지난해에 동일한 조사에 참여한 사람에게 이메일로 질문하는 방법으로 진행되었다.

① 설문 조사에 참여한 사람들은 전자책을 구입한 경험이 없다.

② 이번 설문 조사는 조사원이 직접 방문하는 방법을 사용하였다.

③ 전자책 이용자들은 전자책의 장점으로 '저렴한 가격'을 골랐다.

④ 종이책 이용자들은 소설책과 만화책을 구입하는 것을 선호하지 않았다.

다음 중 틀린 내용이 무엇인지 빈칸에 정리해 봅시다.

설문 조사에 참여한 사람들은 전자책을 구입한 경험이 없다.	
이번 설문 조사는 조사원이 직접 방문하는 방법을 사용하였다.	
전자책 이용자들은 전자책의 장점으로 '저렴한 가격'을 골랐다.	* 저렴하다 : 값이 싸다.
종이책 이용자들은 소설책과 만화책을 구입하는 것을 선호하지 않았다.	* 구입하다 : 물건 따위를 사들이다.

먼저 문제의 지문을 읽으세요.

이때, 중요하다고 생각되는 부분에 밑줄을 치면서 읽으세요.

지문과 내용이 같은 선택지를 골라야 합니다.

'환경 문제'를 소개하는 기사문입니다.

21. 다음 글 또는 도표의 내용과 **같은 것**을 고르십시오.

> 환경부는 음식점 등에서 쓰이는 일회용 물티슈를 '일회용품 사용억제 품목'에 포함시키는 방안을 검토하기로 했다. 일회용 물티슈가 일회용품 사용억제 품목에 포함되지 않아 환경오염을 유발하기 때문이다.
>
> 일회용 물티슈는 썩기까지 100년 이상이 걸리며 소각할 경우 다이옥신 등 유해물질이 배출된다. 또한 수도관을 막는 등 제대로 처리하지 않을 경우 여러 부작용을 일으킨다.

① 일회용 물티슈는 불에 태우면 유해물질이 나온다.

② 일회용 물티슈를 버릴 때는 물에 녹여 버리면 된다.

③ 일회용 물티슈는 '일회용품 사용 억제 품목'에 지정되어 있다.

④ 가정에서 사용하는 일회용 물티슈는 환경오염을 유발하지 않는다.

다음 중 틀린 내용이 무엇인지 빈칸에 정리해 봅시다.

일회용 물티슈는 불에 태우면 유해물질이 나온다.	* 배출된다 : 나온다와 같은 말이다.
일회용 물티슈를 버릴 때는 물에 녹여 버리면 된다.	
일회용 물티슈는 '일회용품 사용 억제 품목'에 지정되어 있다.	
가정에서 사용하는 일회용 물티슈는 환경오염을 유발하지 않는다.	* 유발하다 : 그것이 발생하게 만들다.

먼저 문제의 지문을 읽으세요.

이때, 중요하다고 생각되는 부분에 밑줄을 치면서 읽으세요.

지문과 내용이 같은 선택지를 골라야 합니다.

'환경 문제'를 소개하는 기사문입니다.

22. 다음 글 또는 도표의 내용과 **같은** 것을 고르십시오.

> 지구온난화로 극지방의 빙하가 녹고 있다. 빙하가 녹으면서 빙산이 떨어져 나오게 되는데 이 빙산들이 바다를 떠다니면서 생태계를 파괴한다고 한다. 실제로 2000년대 초에 거대한 빙산이 펭귄의 서식지를 막아버려 먹이를 구하기 어려워지면서 펭귄이 떼죽음을 당했다.
>
> 또한 빙산이 녹으면서 엄청난 양의 물을 방출하면서 섬 주변 환경을 파괴하고 있다고 한다.

① 빙산은 펭귄의 서식지이다.

② 빙하가 바다 생태계를 파괴하고 있다.

③ 빙하가 녹아서 펭귄의 수가 줄어들었다.

④ 빙산이 녹으면서 나온 물은 생태계를 파괴한다.

다음 중 틀린 내용이 무엇인지 빈칸에 정리해 봅시다.

빙산은 펭귄의 서식지이다.	*서식지 : 생물이 모여 사는 곳
빙하가 바다 생태계를 파괴하고 있다.	* 생태계 : 생명이 사는 환경 체계
빙하가 녹아서 펭귄의 수가 줄어들었다.	
빙산이 녹으면서 나온 물은 생태계를 파괴한다.	

[문제] 다음 글 또는 도표의 내용과 같은 것을 고르십시오.

18)

2021년 고등학생 음악 동아리 지원 사업	
춘천시청이 청소년의 미래를 응원합니다.	
신청 기간	2021년 3월 1일~3월 31일
신청 대상	춘천시 내 고등학교 동아리 (10명 이상이어야 함)
신청 방법	홈페이지 신청
지원 금액	최대 100만 원

※ 신청 시 교사의 추천서가 필요합니다.

※ 문의는 춘천시청 홈페이지(www.chuncheon.go.kr/)나
   전화(02-123-4567)로 가능합니다.

① 춘천시 중학생들도 지원을 받게 된다.
② 100만 원까지 동아리 활동비를 받을 수 있다.
③ 지원금을 받기 위해서는 전화로 신청해야 한다.
④ 동아리 인원이 5명인 경우에도 신청할 수 있다.

19)

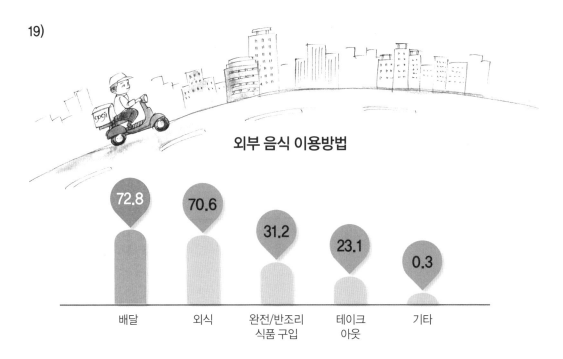

외부 음식 이용방법

배달	외식	완전/반조리 식품 구입	테이크 아웃	기타
72.8	70.6	31.2	23.1	0.3

① 테이크아웃을 이용하는 손님이 외식하는 손님보다 적다.

② 배달 음식을 이용하는 비율이 외식을 하는 비율보다 낮다.

③ 외부 음식을 이용하는 방법으로 외식을 선택한 사람이 가장 많다.

④ 완전/반조리 식품을 구입하는 비율이 테이크아웃의 두 배 이상이다.

20)

　　주말 저녁이 되면 춘천 명동거리는 어느새 콘서트장으로 바뀐다. 바로 '한여름 밤의 콘서트'라는 프로그램 때문이다. 이 프로그램은 매회 한 명의 가수가 출연해 노래를 부르는 음악 프로그램으로 작년 말부터 방송되고 있다. 특이한 점은 출연 가수와 일반인이 함께 노래를 부른다는 점이다. 녹화는 명동길 사거리에서 토요일 오후 7시부터 진행되며, 방청을 원하는 사람은 홈페이지를 통해 미리 신청해야 한다.

① 이 프로그램은 올해 초에 방송을 시작했다.
② '한여름 밤의 콘서트'는 주말 저녁에 녹화한다.
③ 이 프로그램에서는 두 명의 가수가 노래를 부른다.
④ 녹화 현장에서 바로 프로그램 방청을 신청할 수 있다.

21)

　　춘천 교육청에서는 남녀 청소년을 대상으로, 고민이 생긴 경우 누구에게 조언을 구하는지 설문 조사를 진행하였다. 조사 결과 남녀 청소년 모두 '친구'에게 가장 많이 고민 상담을 하는 것으로 나타났다. 두 번째로는 '혼자서 고민을 해결하는 경우'가 많았다. 그 다음으로는 부모님에게 고민을 상담하는 경우가 많았고, 형제나 자매에게 고민을 말하는 청소년의 비율이 가장 적게 나타났다.

① 혼자서 고민을 해결하는 청소년들이 가장 많았다.
② 춘천 교육청에서는 남자 청소년들에게 설문 조사를 하였다.
③ 형제자매보다 부모님에게 고민을 상담하는 경우가 많았다.
④ 친구에게 고민 상담을 하는 청소년들이 가장 적은 수로 나타났다.

글의 순서 배열하기
- 4개 문장 중 두 개 문장의 순서 정하기
- 시간, 접속의 표현 주의하여 순서 정하기

 학습 TIP

글의 순서를 파악하는 문제이다.

'논리적 순서'나 '시간 순서'에 집중한다.

내용 범위가 큰 것부터 찾아본다.

'그러나, 따라서, 또한'이나 '이, 그, 저', 포함을 나타내는 'N도, N처럼' 등이 있는 문장은 첫 번째 문장이 아니다.

논리적 순서나 시간 순서에 맞게 배열한다.

 교수학습 TIP

1. 첫 번째 문장으로 오기 어려운 형태의 문장을 알려 준다.

2. 앞에 올 수 있는 문장을 찾도록 유도한다.

3. 첫 문장의 위치에 올 수 있는 두 문장을 비교하여 첫 번째 문장이 아닌 것을 골라 X 표시를 하도록 한다.

4. 문장들에서 시간 또는 논리적 순서가 드러나는 단어에 표시하도록 한다.

5. 시간/논리적 순서에 맞는 정답을 찾도록 한다.

제4과	글의 순서 배열하기 1

선택지를 보고 (가)~(라) 중 첫 번째 문장을 2개 정하세요.

두 문장을 비교하여 앞 문장을 고르세요.

이때 내용의 범위가 큰 문장이 앞 문장입니다.

'그러나, 따라서, 또한'이나 '이, 그, 저', 포함을 나타내는 'N도, N처럼' 등이 있는 문장은 첫 번째 문장이 아닙니다.

뒤 문장에는 구체적인 것이나 앞 내용의 예, 보충, 이유, 근거 등이 옵니다.

논리적 순서나 시간 순서에 맞게 찾아보세요.

1.

> (가) 강아지들은 집에 돌아온 주인을 보면 반갑게 맞아 준다.
> (나) 이런 모습을 보고 누군가는 주인이 밥을 주는 사람이기 때문이라고 한다.
> (다) 강아지들이 주인을 보고 반가워하는 것은 보상이 아닌 순수한 기쁨이었던 것이다.
> (라) 연구 결과에 따르면 강아지들은 음식보다 사람들의 칭찬을 더 좋아하거나 똑같이 좋아한다고 한다.

① (가)-(나)-(라)-(다)   ② (가)-(다)-(나)-(라)

③ (다)-(가)-(나)-(라)   ④ (다)-(나)-(가)-(라)

첫 문장으로 오기 어려운 문장 찾기	(나) <u>이런 모습을 보고</u> 누군가는 주인이 밥을 주는 사람이기 때문이라고 한다.
	(다) <u>강아지들이 주인을 보고 반가워하는 것은</u> 보상이 아닌 순수한 기쁨이었던 것이다.
첫 문장 찾기	(가) 강아지들은 집에 돌아온 주인을 보면 반갑게 맞아 준다.
	~~(라) 연구 결과에 따르면 강아지들은 음식보다 사람들의 칭찬을 더 좋아하거나 똑같이 좋아한다고 한다.~~
마지막 문장 찾기	(다) 강아지들이 주인을 보고 반가워하는 것은 보상이 아닌 순수한 <u>기쁨이었던 것이다.</u>
논리적/시간적 순서 이어 보기	(가) → (나) → (라) → (다)

글의 순서 배열하기 2

2.

> (가) 반대로 앉아 쉬는 모습을 보기 힘든 새도 있다.
> (나) 우리는 나뭇가지나 전깃줄에 앉아 쉬는 새의 모습을 종종 볼 수 있다.
> (다) '유럽 칼새'는 날아다니는 곤충을 주로 먹고 잠도 낮게 날면서 잔다고 한다.
> (라) 그 새는 바로 '유럽 칼새'로 10개월 동안 땅에 내려오지 않고 날아다닌다고 한다.

① (나)–(가)–(라)–(다)   ② (나)–(다)–(가)–(라)
③ (다)–(가)–(나)–(라)   ④ (다)–(나)–(가)–(라)

첫 문장으로 오기 어려운 문장 찾기	(라) 그 새는 바로 '유럽 칼새'로 10개월 동안 땅에 내려오지 않고 날아다닌다고 한다.
첫 문장 찾기 * 둘 중에 어떤 문장이 첫 문장으로 가장 적절한지 찾아보자.	(나) 우리는 나뭇가지나 전깃줄에 앉아 쉬는 새의 모습을 종종 볼 수 있다.
	(다) '유럽 칼새'는 날아다니는 곤충을 주로 먹고 잠도 낮게 날면서 잔다고 한다.
마지막 문장 찾기	
논리적/시간적 순서 이어 보기	(　)→(　)→(　)→(　)

| 제4과 | 글의 순서 배열하기 3 |

3.

> (가) 그러므로 저녁보다 아침이나 오후에 운동하는 것을 추천한다.
>
> (나) 규칙적인 운동은 체력 증진뿐만 아니라 수면에도 도움이 된다.
>
> (다) 특히 야외에서 운동하면 신체가 햇빛에 노출되어 효과가 더 좋다.
>
> (라) 한 연구 결과에 따르면 주 150분 운동은 불면증 증상을 크게 개선해준다고 한다.

① (나)–(라)–(가)–(다) ② (나)–(라)–(다)–(가)

③ (라)–(가)–(다)–(나) ④ (라)–(다)–(가)–(나)

첫 문장으로 오기 어려운 문장 찾기	(가) <u>그러므로</u> 저녁보다 아침이나 오후에 운동하는 것을 추천한다.
	(다) <u>특히</u> 야외에서 운동하면 신체가 햇빛에 노출되어 효과가 더 좋다.
첫 문장 찾기 * 둘 중에 어떤 문장이 첫 문장으로 가장 적절한지 찾아보자.	(나) 규칙적인 운동은 체력 증진뿐만 아니라 수면에도 도움이 된다.
마지막 문장 찾기	
논리적/시간적 순서 이어 보기	( ) → ( ) → ( ) → ( )

4.

> (가) 하지만 대부분의 사람들은 손바닥만 문지르는 경우가 많다.
> (나) 먼저 비누를 묻혀 손등, 손가락 사이, 손끝 등을 꼼꼼히 씻어야 한다.
> (다) 올바른 손씻기는 손에 비누를 묻혀 흐르는 물에 30초 이상 씻는 것을 말한다.
> (라) 흐르는 물에 충분히 헹군 후, 종이 타월로 물기를 닦고 사용한 타월로 수도꼭지를 잠그는 것이 좋다.

① (나)–(라)–(다)–(가) 　　② (나)–(가)–(다)–(라)
③ (다)–(가)–(나)–(라) 　　④ (다)–(나)–(라)–(가)

첫 문장으로 오기 어려운 문장 찾기	(나) 먼저 비누를 묻혀 손등, 손가락 사이, 손끝 등을 꼼꼼히 씻어야 한다.
	(가) 하지만 대부분의 사람들은 손바닥만 문지르는 경우가 많다.
첫 문장 찾기 ＊ 둘 중에 어떤 문장이 첫 문장으로 가장 적절한지 찾아보자.	(다) 올바른 손씻기는 손에 비누를 묻혀 흐르는 물에 30초 이상 씻는 것을 말한다.
마지막 문장 찾기	
논리적/시간적 순서 이어 보기	(　)→(　)→(　)→(　)

5.

> (가) 또한, 왜 안 되는지에 대한 설명도 차분하게 해야 한다.
> (나) 하고 싶은 것을 못하게 하면 떼를 쓰는 아이들은 어떻게 해야 할까?
> (다) 떼를 쓰는 아이에게는 눈을 마주보고 정확하게 안 된다고 말하는 것이 좋다.
> (라) 이때 중요한 것은 아이를 비난하거나 때리는 행동을 해서는 안 된다는 것
> 이다.

① (나)-(다)-(가)-(라) 　　　　② (나)-(라)-(가)-(다)
③ (다)-(나)-(가)-(라) 　　　　④ (다)-(라)-(가)-(나)

첫 문장으로 오기 어려운 문장 찾기	(가) <u>또한</u>, 왜 안 되는지에 대한 설명도 차분하게 해야 한다.
	첫 문장으로 오기 어려운 문장을 찾고 그 이유를 표시하세요.
첫 문장 찾기 * 둘 중에 어떤 문장이 첫 문장으로 가장 적절한지 찾아보자.	(다) 떼를 쓰는 아이에게는 눈을 마주보고 정확하게 안 된다고 말하는 것이 좋다.
마지막 문장 찾기	
논리적/시간적 순서 이어 보기	(　)→(　)→(　)→(　)

6.

> (가) '네가 스스로 알아서 해'라고 말하며 방관하기 때문이다.
> (나) 그런데 이 학습을 잘못 생각하고 이해한 부모들이 많다.
> (다) 그렇게 되면 아이들은 무엇을 어떻게 해야 할지 몰라 당황하게 된다.
> (라) 자기주도학습은 스스로 교육의 목표와 계획을 세워 행하는 것을 말한다.

① (가)-(다)-(나)-(라)   ② (가)-(라)-(나)-(다)
③ (라)-(가)-(나)-(다)   ④ (라)-(나)-(가)-(다)

첫 문장으로 오기 어려운 문장 찾기	(나) <u>그런데</u> 이 학습을 잘못 생각하고 이해한 부모들이 많다.
	첫 문장으로 오기 어려운 문장을 찾고 그 이유를 표시하세요.
첫 문장 찾기 * 둘 중에 어떤 문장이 첫 문장으로 가장 적절한지 찾아보자.	(가) '네가 스스로 알아서 해'라고 말하며 방관하기 때문이다.
마지막 문장 찾기	
논리적/시간적 순서 이어 보기	( )→( )→( )→( )

7.

> (가) 하지만 형 놀부는 욕심이 많아 늘 심술을 부려 댔다.
> (나) 경상도와 전라도가 맞닿은 어느 마을에 형제가 살았다.
> (다) 동생 흥부는 부모에게 효도하고 형을 사랑으로 대했다.
> (라) 한 부모에게서 났지만, 성품이 달라도 너무 달랐던 것이다.

① (나)-(다)-(가)-(라) ② (나)-(라)-(가)-(다)
③ (라)-(나)-(가)-(다) ④ (라)-(다)-(가)-(나)

첫 문장으로 오기 어려운 문장 찾기	(가) <u>하지만</u> 형 놀부는 욕심이 많아 늘 심술을 부려 댔다.
	첫 문장으로 오기 어려운 문장을 찾고 그 이유를 표시하세요.
첫 문장 찾기 * 둘 중에 어떤 문장이 첫 문장으로 가장 적절한지 찾아보자.	(나) 경상도와 전라도가 맞닿은 어느 마을에 형제가 살았다.
마지막 문장 찾기	
논리적/시간적 순서 이어 보기	( )→( )→( )→( )

8.

> (가) 남해 용왕은 큰 용궁에서 매일 잔치를 열고 술을 마셨다.
> (나) 그러자 용왕은 큰 병에 걸렸고, 살려 달라고 하늘에 빌고 또 빌었다.
> (다) 신선은 용왕에게 육지에 사는 토끼의 간을 먹으면 병이 낫는다고 했다.
> (라) 그러던 어느 날 용궁에 구름이 내려오더니 부채를 든 신선이 나타났다.

① (가)–(나)–(라)–(다)　　　② (가)–(라)–(나)–(다)
③ (다)–(나)–(가)–(라)　　　④ (다)–(라)–(가)–(나)

첫 문장으로 오기 어려운 문장 찾기	(나) 그러자 용왕은 큰 병에 걸렸고, 살려 달라고 하늘에 빌고 또 빌었다.
	첫 문장으로 오기 어려운 문장을 찾고 그 이유를 표시하세요.
첫 문장 찾기 * 둘 중에 어떤 문장이 첫 문장으로 가장 적절한지 찾아보자.	(가) 남해 용왕은 큰 용궁에서 매일 잔치를 열고 술을 마셨다.
마지막 문장 찾기	
논리적/시간적 순서 이어 보기	(　)→(　)→(　)→(　)

9.

> (가) '송곡 영화 감상실'이 바로 그것이다.
> (나) 이곳은 남녀노소 누구나 무료로 이용할 수 있다.
> (다) 최근 송곡도서관에서는 70, 80년대 영화를 볼 수 있는 프로그램을 진행하고 있다.
> (라) 또한 영화를 보고 싶은 이용객은 관람하고자 하는 날의 3일 전까지 인터넷으로 신청해야 한다.

① (가)–(나)–(라)–(다) ② (가)–(나)–(다)–(라)
③ (다)–(가)–(나)–(라) ④ (다)–(나)–(가)–(라)

첫 문장으로 오기 어려운 문장 찾기	(가) '송곡 영화 감상실'이 바로 <u>그것이다.</u>
	첫 문장으로 오기 어려운 문장을 찾고 그 이유를 표시하세요.
첫 문장 찾기 * 둘 중에 어떤 문장이 첫 문장으로 가장 적절한지 찾아보자.	(다) 최근 송곡도서관에서는 70, 80년대 영화를 볼 수 있는 프로그램을 진행하고 있다.
마지막 문장 찾기	
논리적/시간적 순서 이어 보기	( ) → ( ) → ( ) → ( )

10.

> (가) 대중가요는 살아있는 생명체처럼 생장과 소멸을 겪는다.
> (나) 반대로 어느 순간 화려하게 대중문화의 중심에 서기도 한다.
> (다) 한 시기를 휩쓸고 풍미했던 장르가 다음 시대에는 사라지기도 한다.
> (라) 중장년과 노년층에게 인기 있었던 트로트가 대중의 환호와 관심을 받고 있는
>   것처럼 말이다.

① (가)-(다)-(나)-(라)　　　　② (가)-(라)-(다)-(나)
③ (다)-(가)-(나)-(라)　　　　④ (다)-(라)-(나)-(가)

첫 문장으로 오기 어려운 문장 찾기	(나) 반대로 어느 순간 화려하게 대중문화의 중심에 서기도 한다.
	첫 문장으로 오기 어려운 문장을 찾고 그 이유를 표시하세요.
첫 문장 찾기 * 둘 중에 어떤 문장이 첫 문장으로 가장 적절한지 찾아보자.	(가) 대중가요는 살아있는 생명체처럼 생장과 소멸을 겪는다.
마지막 문장 찾기	
논리적/시간적 순서 이어 보기	( )→( )→( )→( )

11.

> (가) 그렇다고 해서 늘 환한 미소를 보여주라는 말이 아니다.
> (나) 지치고 힘들어하는 모습, 좌절하는 모습을 보여주어도 괜찮다.
> (다) 아이들에게 물려줄 수 있는 최고의 유산은 '행복'이라고 생각한다.
> (라) 그러나 세상은 살 만한 곳이라고. 엄마와 아빠는 행복하게 살았다고 이야기
> 할 수 있는 부모면 좋겠다.

① (나)-(라)-(가)-(다)   ② (나)-(다)-(라)-(다)
③ (다)-(가)-(나)-(라)   ④ (다)-(라)-(가)-(나)

첫 문장으로 오기 어려운 문장 찾기	(가) 그렇다고 해서 늘 환한 미소를 보여주라는 말이 아니다.
	첫 문장으로 오기 어려운 문장을 찾고 그 이유를 표시하세요.
첫 문장 찾기 * 둘 중에 어떤 문장이 첫 문장으로 가장 적절한지 찾아보자.	(나) 지치고 힘들어하는 모습 좌절하는 모습을 보여주어도 괜찮다.
마지막 문장 찾기	
논리적/시간적 순서 이어 보기	( ) → ( ) → ( ) → ( )

글의 순서 배열하기 12

12.

> (가) 얼마 전에도 뷔페식당에서 저녁 식사를 했다.
> (나) 그런데 마감 시간이 되니 남은 음식들을 모두 버리는 것이었다.
> (다) 남은 음식을 그냥 쓰레기통에 버리는 것은 일종의 낭비가 아닐까?
> (라) 우리 가족은 뷔페식당에는 다양한 음식을 골라서 먹을 수 있어서 자주 간다.

① (다)–(가)–(라)–(나) ② (다)–(나)–(라)–(가)
③ (라)–(가)–(나)–(다) ④ (라)–(나)–(가)–(다)

첫 문장으로 오기 어려운 문장 찾기	(가) 얼마 전에도 뷔페식당에서 저녁 식사를 했다.
	첫 문장으로 오기 어려운 문장을 찾고 그 이유를 표시하세요.
첫 문장 찾기 ＊둘 중에 어떤 문장이 첫 문장으로 가장 적절한지 찾아보자.	(다) 남은 음식을 그냥 쓰레기통에 버리는 것은 일종의 낭비가 아닐까?
마지막 문장 찾기	
논리적/시간적 순서 이어 보기	( )→( )→( )→( )

제5과

빈칸에 들어갈 알맞은 내용 고르기
- 유사한 문법 표현 찾기
- 문법 표현의 기능 알기

 학습 TIP

전체 글을 읽으면서 내용을 파악한다.

빈칸의 앞뒤 구절에 주의해서 읽는다.

특히 뒤에 오는 문장을 잘 이해해야 한다.

선택지에 쓰인 단어들 중 빈칸의 앞뒤 구절의 내용과 가장 잘 어울리는 단어를 찾는다.

빈칸에 넣어서 문장이 자연스러운지 확인해 본다.

 교수학습 TIP

1. 선택지를 종이로 가리고 학습자에게 소리 내어 글을 읽도록 한다.

2. 빈칸을 제외하고 글이 이야기하고자 하는 주제가 무엇인지 말해 보게 한다.

3. 빈칸에 어떤 말이 들어가면 좋을지 생각할 시간을 준다.

4. 선택지를 가린 종이를 떼고 자신이 생각한 내용이 있는지 확인하도록 한다.

5. 선택지에 쓰인 단어 중에 본문에 쓰인 단어가 있는 것이 정답인지 이야기해 보도록 한다.

제5과	빈칸에 들어갈 알맞은 내용 고르기 1

빈칸이 문단의 **앞부분**에 있을 때는 보통 전체 내용을 포괄하는 주제문입니다.
빈칸의 위치가 **중간**에 있을 때는 앞뒤 문장이나 지시어를 통해 찾습니다.
빈칸의 위치가 **끝부분**에 있을 때는 1, 2번 상황에 모두 해당됩니다.
'같거나 비슷한 내용을 바탕으로 종합적인 내용을 완성하는 유형'에 해당합니다.
글 전체의 내용을 모두 포함할 수 있는 표현을 찾는 것이 좋습니다.

※ [16~18] 다음을 읽고 (　　　)에 들어갈 내용으로 가장 알맞은 것을 고르십시오.(각 2점)
1.

> 　사람들은 무엇을 결정하는 것에 왜 어려움을 느낄까? 선택이 두려운 이유 중 하나는 결과를 '후회'하게 될지 모른다는 걱정 때문일 것이다. 한국 송곡대학교의 연구에 따르면 선택으로 얻게 되는 이득에 의한 기쁨보다 놓쳐버린 것에 대한 (　　　). 100% 만족하는 선택은 없다는 것을 꼭 기억할 필요가 있을 것이다.

① 결정을 내릴 수 있다고 한다　　　② 결과에 만족할 수 있다고 한다
③ 기쁨과 만족감이 더 크다고 한다　　④ 아쉬움과 두려움이 더 크다고 한다

글의 주제 찾기	사람들은 무엇을 결정하는 것에 어려움을 느낌.
	선택이 두려운 이유는 후회에 대한 걱정 때문임.
	얻게 되는 이득에 의한 기쁨보다 놓쳐버린 것에 대한 (　　　　　).
	100% 만족하는 선택은 없다는 것을 기억하자.
빈칸 앞뒤 핵심 내용	걱정 때문에 선택을 두려워한다. (* 빈칸에 들어갈 말을 메모해 보자.　　　　　) 100% 만족하는 선택은 없다.
핵심 표현	어려움, 두려움, 후회.
빈칸에 들어갈 가장 적절한 내용	놓쳐버린 것에 대한 (아쉬움이 크기 때문일 것)이다.

제5과	빈칸에 들어갈 알맞은 내용 고르기 2

※ [16~18] 다음을 읽고 (   )에 들어갈 내용으로 가장 알맞은 것을 고르십시오.(각 2점)

2.

> 한복은 선이 둥글고 넉넉하며 멋스러운 한국의 전통 옷이다. 한복의 역사는 삼국시대부터 시작되었으며 지금과 같은 모습의 한복은 조선시대부터 입기 시작했다. 여자의 전통한복은 저고리가 짧고 치마의 뒤가 트여 있고, 남자의 전통한복은 허리띠와 발목에 대님을 묶어야 해서 활동에 불편함이 많다. 그래서 최근에는 이러한 (   ) 변형시켜 만든 실용한복을 많이 입는다.

① 멋스러운 느낌을 포기하고 　　② 전통한복의 불편을 없애고

③ 한복의 둥글고 넉넉한 선을 　　④ 지금과 같은 모습의 한복을

글의 주제 찾기	한복은 선이 둥글고 넉넉하며 멋스러운 한국의 전통 옷이다.
	지금과 같은 모습의 한복은 조선시대부터 입기 시작했다.
빈칸 앞뒤 핵심 내용	(* 빈칸에 들어갈 말을 메모해 보자.　　　　　　)
핵심 표현	
빈칸에 들어갈 가장 적절한 내용	이러한 ( ) 변형시켜 만든 실용한복을 많이 입는다.

제5과	빈칸에 들어갈 알맞은 내용 고르기 3

※ [16~18] 다음을 읽고 (   )에 들어갈 내용으로 가장 알맞은 것을 고르십시오.(각 2점)

3.

> 한국에 '멍 때리기 대회'라는 대회가 있다. 이 대회가 주목을 받은 이유는 아마 우리의 삶이 쉴 틈 없이 바쁘게 무언가로 채워져 있다는 뜻이기도 하다. 많은 사람들이 아무것도 하지 않고 시간을 보내는 것은 시간 낭비라고 생각한다. 하지만 최근 연구들에 따르면 공부를 하거나 일을 하는 도중에 아무것도 하지 않고 쉬는 것은 (   ). 공부나 일이 잘 안된다고 느껴질 때는 잠시 일을 내려놓고 휴식을 취해보는 건 어떨까?

① 생각을 채울 수 있다고 한다　　② 시간을 허비하는 일이라고 한다

③ 집중과 기억에 도움이 된다고 한다　　④ 바쁜 일상을 보내는 일이라고 한다

글의 주제 찾기	한국에 '멍 때리기 대회'라는 대회가 있다.
	우리의 삶이 쉴 틈 없이 바쁘게 무언가로 채워져 있다.
빈칸 앞뒤 핵심 내용	(* 빈칸에 들어갈 말을 메모해 보자.　　　　　　)
핵심 표현	
빈칸에 들어갈 가장 적절한 내용	아무것도 하지 않고 쉬는 것은 (　　　　　　).

※ [16~18] 다음을 읽고 (　　　)에 들어갈 내용으로 가장 알맞은 것을 고르십시오.(각 2점)

4.

> 　　마그네슘은 우리 몸이 생산하는 것 중 하나이다. 근육을 이완하고 스트레스를 줄여준다고 알려져 있다. 매일 마그네슘을 복용하면 더 잘 자고 더 오래 잘 수 있다는 연구 결과가 있다. 잠자기 한 시간 전에 (　　　) 불면증을 해소할 수 있을 것이다.

① 스트레스를 풀면　　　　　　　　② 마그네슘을 생산하면
③ 근육을 이완하는 스트레칭을 하면　④ 마그네슘이 많이 들어있는 음식을 먹으면

글의 주제 찾기	마그네슘은 우리 몸이 생산하는 것 중 하나이다.
빈칸 앞뒤 핵심 내용	(＊ 빈칸에 들어갈 말을 메모해 보자.　　　　　)
핵심 표현	
빈칸에 들어갈 가장 적절한 내용	잠자기 한 시간 전에 (　　　　　) 불면증을 해소할 수 있을 것이다.

※ [16~18] 다음을 읽고 (   )에 들어갈 내용으로 가장 알맞은 것을 고르십시오.(각 2점)

5.

> 관성은 외부에서 힘을 받지 않은 물체가 하던 운동을 계속하려는 것을 의미한다. 자연도 외부 요인으로 변화가 생기면 스스로 원래의 상태로 돌아가려고 한다. 변화가 생기면 그 상황에 적응하기 위해 추가적인 에너지를 소모해야 하기 때문이다. 마찬가지로 인간도 본래의 삶에 적응되면 그 상태가 (   ) 변화가 생기는 것을 싫어한다고 한다.

① 스스로 운동을 하기 때문에   ② 가장 안정적이고 편하기 때문에
③ 외부에서 힘을 받지 않기 때문에   ④ 추가적인 에너지를 소모하기 때문에

글의 주제 찾기	관성은 외부에서 힘을 받지 않은 물체가 하던 운동을 계속하려는 것이다.
빈칸 앞뒤 핵심 내용	(* 빈칸에 들어갈 말을 메모해 보자.)
핵심 표현	
빈칸에 들어갈 가장 적절한 내용	본래의 삶에 적응되면 그 상태가 ( ) 변화가 생기는 것을 싫어한다고 한다.

제5과	빈칸에 들어갈 알맞은 내용 고르기 6

※ [16~18] 다음을 읽고 (　　　)에 들어갈 내용으로 가장 알맞은 것을 고르십시오.(각 2점)

6.

> '블랙아이스'는 겨울철 도로에 얇은 얼음막이 생기는 현상을 말한다. 기온이 갑자기 내려가면 도로 위에 녹았던 눈이 다시 얇은 얼음으로 얼어붙거나 매연과 먼지 등과 함께 얼어붙으면서 블랙아이스가 생성된다. 일교차가 큰 날씨는 도로 위의 눈과 비가 반복적으로 녹거나 얼면서 블랙아이스가 쉽게 만들어지는 환경이다. 특히 도로의 색과 비슷하기 때문에 (　　　　) 밤에는 더욱 위험하다.

① 얇은 얼음막이 생겨서　　　　② 기온이 갑자기 내려가서

③ 블랙아이스가 만들어져서　　　④ 운전자가 구분하기 어려워서

	'블랙아이스'는 겨울철 도로에 얇은 얼음막이 생기는 현상이다.
글의 주제 찾기	
빈칸 앞뒤 핵심 내용	(* 빈칸에 들어갈 말을 메모해 보자.　　　　　)
핵심 표현	
빈칸에 들어갈 가장 적절한 내용	도로의 색과 비슷하기 때문에 (　　　　　　　) 밤에는 더욱 위험하다.

빈칸에 들어갈 어휘 찾기 및 본문과 같은 내용 고르기
– 유사한 문법 표현 찾기
– 문법 표현의 기능 알기

학습 TIP

제시된 글 하나에 두 개의 문제가 있는 유형이다.

첫 번째 문제는 문장을 잇는 접속의 표현을 찾는 문제이다.

글을 읽기 전에 선택지에 제시된 표현을 먼저 읽고 이해해 본다.

전체 글의 주제를 파악하면서 글을 읽는다.

빈칸의 앞과 뒤의 문장이 어떤 관계로 연결되는지를 이해한다.

가장 적절한 표현이라고 생각되는 것을 넣어서 이해해 본다.

두 번째 문제는 선택지의 내용 중 글의 내용과 같은 것을 찾는 문제이다.

앞에서 연습한 대로 하면 된다.

교수학습 TIP

1. 첫 번째 문제의 선택지를 읽고 이해하는지 확인한다.

2. 제시된 글을 읽고 빈칸에, 자신이 선택한 제시항을 넣어서 읽어보도록 유도한다.

3. 3과에서 배운 지식을 활용하여 두 번째 문제를 읽고 풀어보게 한다.

4. 첫 번째 문제도 다시 확인해 보게 한다.

5. 틀린 정보를 확인하고 그 부분을 정확한 정보로 만들어서 발표해 보게 한다.

빈칸에 들어갈 어휘 찾기 및 본문과 같은 내용 고르기 1

첫 번째 문제 유형은 빈칸에 들어갈 어휘 찾기입니다.

앞뒤 문장의 관계를 보여주는 명사나 부사를 미리 공부해야 합니다.

두 번째 문제는 본문과 같은 내용을 고르는 유형입니다.

선택지에서 **누가, 언제, 어디서, 무엇을, 어떻게, 왜**와 같은 정보를 틀리게 보여주기 때문에 꼼꼼히 확인해야 합니다.

지문을 먼저 읽은 후에 선택지를 확인하세요.

정보를 전달하는 설명문이 주로 나옵니다.

※ [19~20] 다음을 읽고 물음에 답하십시오. (각 2점)

> 탄산수는 탄산음료처럼 탄산을 느낄 수 있지만 칼로리가 없거나 낮아 물 대신 즐겨 마시는 사람들이 많다. 식사 전에 탄산수 한 컵을 마시면 배부른 느낌이 있기 때문에 다이어트에 도움을 받을 수 있다. (   ) 탄산수는 이산화탄소가 물에 녹아 산성을 띠고 있기 때문에 위장이 약한 사람들이 자주 마신다면 병에 걸릴 수 있으니 주의해야 한다.

1. (   )에 들어갈 알맞은 것을 고르십시오.

　① 그러나　　　② 그래도　　　③ 그러면　　　④ 드디어

2. 위 글의 내용과 같은 것을 고르십시오.

　① 탄산수와 탄산음료는 칼로리가 같다.　② 사람들은 탄산음료를 물 대신 마신다.

　③ 이산화탄소가 물에 녹으면 산성을 나타낸다.　④ 밥을 먹은 후에 탄산수를 마시면 건강에 좋다.

선택지 어휘로 문장 만들어 보기	그러나 :
	그래도 :
	그러면 :
	드디어 :

탄산수와 탄산음료는 칼로리가 같다.	* 틀린 내용을 적어 보자.
사람들은 탄산음료를 물 대신 마신다.	
이산화탄소가 물에 녹으면 산성을 나타낸다.	
밥을 먹은 후에 탄산수를 마시면 건강에 좋다.	

※ [19~20] 다음을 읽고 물음에 답하십시오. (각 2점)

> 정신과 의사로서 흔히 받는 질문 중 하나는 "약으로 마음이 변화될 수 있나요?" 이다. 틀린 말은 아니지만 맞는 말도 아니다. (   ) 약이 사람의 마음을 긍정적으로 변화시킬 수 있을까? 약은 불안, 우울 같은 부정적 감정을 느낄 때 우리 몸에 일어나는 변화를 제자리로 돌려준다. 그러면 우리 몸은 안정되었다고 인식하고 이성적인 생각을 하게 되는 것이다. 약의 효과는 마음의 변화를 어느 정도 수준까지로 보느냐에 따라 다를 것이다.

3. (   )에 들어갈 알맞은 것을 고르십시오.

① 또는   ② 물론   ③ 과연   ④ 하필

4. 위 글의 내용과 같은 것을 고르십시오.

① 감정은 몸을 변화시킬 수 없다.

② 마음을 바꿀 때는 반드시 약이 필요하다.

③ 마음의 변화에 대한 기준은 사람마다 다르다.

④ 긍정적인 생각을 위해서는 몸부터 바꾸어야 한다.

선택지 어휘로 문장 만들어 보기	또는 :
	물론 :
	과연 :
	하필 :

감정은 몸을 변화시킬 수 없다.	* 틀린 내용을 적어 보자.
마음을 바꿀 때는 반드시 약이 필요하다.	
마음의 변화에 대한 기준은 사람마다 다르다.	
긍정적인 생각을 위해서는 몸부터 바꾸어야 한다.	

※ [19~20] 다음을 읽고 물음에 답하십시오. (각 2점)

'정전기'는 흐르지 않고 머물러 있는 전기라는 의미이다. 우리의 몸은 주변의 물체와 마찰하면서 서로 전자를 주고받는다. 그 과정에서 몸과 물체에 조금씩 전기가 저장되고 기준 이상의 전기가 쌓였을 때, 금속을 만나면 쌓여있던 전기가 이동하면서 불꽃이 튀는데 이것이 바로 정전기이다. 정전기는 습기에 약하기 때문에 공기가 건조하면 정전기가 생길 확률이 높다. (   ) 몸이 습하거나 땀을 많이 흘리는 사람은 비교적으로 정전기가 덜 난다.

5. (   )에 들어갈 알맞은 것을 고르십시오.

① 반대로   ② 게다가   ③ 반드시   ④ 어쩌면

6. 위 글의 내용과 같은 것을 고르십시오.

① 몸과 물체에 쌓이는 전기는 제한이 없다.

② 공기가 건조하면 전자들이 이동하기 어렵다.

③ 기준 이상의 전기가 쌓이면 불꽃이 튈 수 있다.

④ 몸은 주변의 물체와 마찰하면서 정전기를 주고 받는다.

선택지 어휘로 문장 만들어 보기	반대로 :
	게다가 :
	반드시 :
	어쩌면 :

	* 틀린 내용을 적어 보자.
몸과 물체에 쌓이는 전기는 제한이 없다.	
공기가 건조하면 전자들이 이동하기 어렵다.	
기준 이상의 전기가 쌓이면 불꽃이 튈 수 있다.	
몸은 주변의 물체와 마찰하면서 정전기를 주고 받는다.	

제6과	빈칸에 들어갈 어휘 찾기 및 본문과 같은 내용 고르기 4

※ [19~20] 다음을 읽고 물음에 답하십시오. (각 2점)

> 서울이 차량 중심에서 사람 중심의 도시로 변화를 시작한다. 서울시는 광화문광장을 사람이 쉬고 걷기 편한 광장으로 만든다고 밝혔다. 광화문광장은 도로로 둘러싸여 있어서 매연과 소음이 가득해 시민들이 불편을 겪고 있다. (　　　) 의견이 꾸준히 나오자 2016년부터 시민들과 소통하고 논의해 '새로운 광화문광장'으로 바꾸는 계획을 세운 것이다. 공원을 품을 광장으로 변화시켜 꽃과 나무가 어우러지고 자전거 도로가 이어지는 공간으로 만들 것이라고 한다.

7. (　　　　)에 들어갈 알맞은 것을 고르십시오.

① 이러한　　　　　② 차라리　　　　　③ 그래도　　　　　④ 어쩌면

8. 위 글의 내용과 같은 것을 고르십시오.

① 지금의 광화문광장은 시민들이 소통하기 좋다.

② 최근 서울시는 광화문광장을 공원으로 바꾸었다.

③ 광화문광장을 사람 중심의 도시로 바꾸려고 한다.

④ 광화문광장은 자전거 도로가 있는 차량 중심의 광장이다.

선택지 어휘로 문장 만들어 보기	이러한 :
	차라리 :
	그래도 :
	어쩌면 :

지금의 광화문광장은 시민들이 소통하기 좋다.	* 틀린 내용을 적어 보자.
최근 서울시는 광화문광장을 공원으로 바꾸었다.	
광화문광장을 사람 중심의 도시로 바꾸려고 한다.	
광화문광장은 자전거 도로가 있는 차량 중심의 광장이다.	

※ [19~20] 다음을 읽고 물음에 답하십시오. (각 2점)

> 최근 1인 가구의 증가와 코로나19 등으로 가정간편식에 대한 소비가 급격하게 증가하고 있다. 가정간편식은 '집밥'을 대신하기에 충분할까? 식품의약품안전처에서 가정간편식 제품의 영양성분을 조사한 결과 평균 열량이 한 끼 식사를 대신하기에는 부족했다고 한다. (   ) 나트륨과 당류의 수치가 높았는데, 나트륨과 당을 과다 섭취할 경우 각종 성인병의 원인이 된다. 부득이하게 가정간편식을 섭취할 경우 건강을 위해 탄산음료 대신 물이나 우유를 함께 마시는 것이 좋다.

9. (   )에 들어갈 알맞은 것을 고르십시오.

① 만약   ② 특히   ③ 아마   ④ 또는

10. 위 글의 내용과 같은 것을 고르십시오.

① 가정간편식은 한 끼 식사로 충분하다.

② 최근 가정간편식을 찾는 사람들이 늘어나고 있다.

③ 가정간편식을 매일 먹으면 성인병을 예방할 수 있다.

④ 가정간편식을 먹을 때는 탄산음료를 마시는 것이 좋다.

선택지 어휘로 문장 만들어 보기	만약 :
	특히 :
	아마 :
	또는 :

가정간편식은 한 끼 식사로 충분하다.	* 틀린 내용을 적어 보자.
최근 가정간편식을 찾는 사람들이 늘어나고 있다.	
가정간편식을 매일 먹으면 성인병을 예방할 수 있다.	
가정간편식을 먹을 때는 탄산음료를 마시는 것이 좋다.	

※ [19~20] 다음을 읽고 물음에 답하십시오. (각 2점)

> 우리나라 사람들의 커피 사랑은 세계적으로 아주 높은 수준이다. 대한민국 성인 1인당 연간 커피 소비량은 300잔 이상으로, 세계 평균 132잔의 2.7배 수준이다. 이처럼 매일 마시는 커피가 건강에 좋은지 좋지 않은지 의견이 분분하다. 커피를 마시면 운동 능력이 향상되고 기억력이 좋아진다는 연구 결과가 있다. 반면에 커피를 많이 마시면 소화가 안 되고, 불면증이 생기기도 한다. (   ) 건강을 위해서는 하루 적당량의 커피를 마시는 것이 필요하다.

11. (   )에 들어갈 알맞은 것을 고르십시오.

① 따라서 　　　　② 오히려 　　　　③ 그래도 　　　　④ 반면에

12. 위 글의 내용과 같은 것을 고르십시오.

① 적당량의 커피는 운동할 때 도움이 된다.

② 세계인의 커피 소비량은 1인당 300잔 이상이다.

③ 한국 사람들은 하루 평균 2.7잔의 커피를 마신다.

④ 커피를 많이 마시면 마실수록 건강에 좋은 영향을 준다.

선택지 어휘로 문장 만들어 보기	따라서 :
	오히려 :
	그래도 :
	반면에 :

적당량의 커피는 운동할 때 도움이 된다.	* 틀린 내용을 적어 보자.
세계인의 커피 소비량은 1인당 300잔 이상이다.	
한국 사람들은 하루 평균 2.7잔의 커피를 마신다.	
커피를 많이 마시면 마실수록 건강에 좋은 영향을 준다.	

※ [19~20] 다음을 읽고 물음에 답하십시오. (각 2점)

> 코로나19의 확산으로 자전거를 즐기는 인구가 늘고 있다. 혼잡한 대중교통 (   ) 자전거를 이동수단으로 선택하여 이용하고 있기 때문이다. 전국 지자체에서 운영하고 있는데, 서울과 춘천은 '따릉이' 광주의 '타랑께', 창원의 '누비자' 등이 있다. 누비자는 한국 최초의 공공자전거로 주행거리와 시간을 확인할 수 있는 속도계가 달려있고, 따릉이는 반납 후 30분 내 대중교통을 이용하면 환승 마일리지가 쌓인다.

13. (   )에 들어갈 알맞은 것을 고르십시오.

① 이처럼   ② 게다가   ③ 반드시   ④ 대신에

14. 위 글의 내용과 같은 것을 고르십시오.
 ① 전국에서 '따릉이'를 이용할 수 있다.
 ② 창원은 한국 최초의 공공자전거를 만들었다.
 ③ 서울에서 공공자전거는 30분 내로 타야 한다.
 ④ 모든 공공자전거는 대중교통 환승 혜택이 있다.

선택지 어휘로 문장 만들어 보기	이처럼 :
	게다가 :
	반드시 :
	대신에 :

전국에서 '따릉이'를 이용할 수 있다.	* 틀린 내용을 적어 보자.
창원은 한국 최초의 공공자전거를 만들었다.	
서울에서 공공자전거는 30분 내로 타야 한다.	
모든 공공자전거는 대중교통 환승 혜택이 있다.	

※ [19~20] 다음을 읽고 물음에 답하십시오. (각 2점)

> 오랫동안 사용하지 않던 이메일에 접속하면 스팸메일이 수십에서 수백 개씩 쌓여있는 것을 볼 수 있다. 이메일은 데이터를 사용하여 저장하고 전송되는데 이런 모든 데이터가 저장되는 곳이 데이터센터이다. 데이터센터는 24시간 꺼지지 않고 운영되며 많은 열을 낸다. (   ) 열을 식혀줄 냉각장치가 작동되는 데 엄청난 전기가 필요하다. 이메일을 사용하지 않는 계정을 삭제하는 것만으로도 환경보호에 함께할 수 있는 것이다.

15. (   )에 들어갈 알맞은 것을 고르십시오.

① 과연   ② 이때   ③ 아마   ④ 하필

16. 위 글의 내용과 같은 것을 고르십시오.

① 이메일은 사용한 데이터를 모두 저장한다.

② 데이터센터를 운영할 때 냉각장치가 작동된다.

③ 사용하지 않는 이메일을 잘 보관하는 것이 좋다.

④ 이메일을 오랫동안 사용하지 않으면 스팸메일을 보낸다.

선택지 어휘로 문장 만들어 보기	과연 :
	이때 :
	아마 :
	하필 :

이메일은 사용한 데이터를 모두 저장한다.	* 틀린 내용을 적어 보자.
데이터센터를 운영할 때 냉각장치가 작동된다.	
사용하지 않는 이메일을 잘 보관하는 것이 좋다.	
이메일을 오랫동안 사용하지 않으면 스팸메일을 보낸다.	

제7과

그림 고르기

- 대화를 듣고 담화 상황을 추론할 수 있다.
- 장소와 시간, 대화하는 사람의 행동을 이해할 수 있다.

학습 TIP

문제를 듣기 전에 선택지를 읽고 확인한다.

제시항(①②③④)을 보고 어떤 내용을 나올지 예상해 본다.

장소를 확인해 본다.

제시항의 장소가 같다면 남자/여자의 행동을 확인한다.

1. 듣기 전에 선택지를 읽고 이해하는지 확인한다.

2. 장소와 시간, 행동 및 주장하는 내용에 집중할 수 있도록 강조한다.

3. 선택지끼리 상충되는 내용이 있을 때 그것 중 하나가 답이 될 수 있다는 것을 알려 준다.

4. 잘 들어가면서 메모 또는 선택지에 표시할 수 있도록 유도한다.

5. 정답이 아닌 것들은 왜 정답이 될 수 없는지 이야기할 수 있게 한다.

제7과	그림 고르기 1	[mp3 01]

들은 내용과 맞는 그림을 고르는 문제입니다.

이야기를 듣기 전에 미리 선택지의 장소와 내용을 확인하세요.

여자/남자가 어떤 행동을 하고 있는지 확인하세요.

장소와 행동을 알면 답을 고르기가 쉽습니다.

1.

그림을 확인하세요. 여기는 어디예요?	1. 신발 가게 2. 구두 수선집(구둣방) 3. 집 4. 길거리
남자와 여자는 무엇을 하고 있어요?	1. 여자는 신발을 신어 봐요. 2. 여자는 굽을 갈 거예요. 3. 남자는 슬리퍼를 신고 나가려고 해요 4. 여자는 굽이 부러져서 곤란해 해요.

[듣기 대본 1] * 이 부분을 종이로 가리고 듣고 풀어 보세요.

여자 : 안녕하세요? 구두 굽을 좀 갈려고 하는데요.

남자 : 음~ 한 10분이면 갈 수 있을 거예요. 슬리퍼로 갈아 신고 조금 기다리세요.

여자 : 네. 감사합니다. 급한 일이 있어서 그러는데 빨리 부탁드릴게요.

제7과	그림 고르기 2	[mp3 02]

들은 내용과 맞는 그림을 고르는 문제입니다.

이야기를 듣기 전에 미리 선택지의 장소와 내용을 확인하세요.

여자/남자가 어떤 행동을 하고 있는지 확인하세요.

장소와 행동을 알면 답을 고르기가 쉽습니다.

1.

①

②

③

④

그림을 확인하세요. 남자와 여자는 무엇을 하고 있어요? 비슷한 그림의 차이를 찾아보세요.	1. 남자가 음식을 가져왔어요. 2. 남자가 식당에서 계산해요. 직원이에요. 3. 남자가 배달을 해요. 음식인 것 같아요. 4. 남자가 물건을 배달해요. 택배예요.
	1. 여자가 테이블에 앉아있어요. 식당 손님이에요. 2. 여자가 식당에서 계산해요. 3. 여자가 문 앞에서 음식을 받아요. 4. 여자가 문 앞에서 택배를 받아요

[듣기 대본 2] * 이 부분을 종이로 가리고 듣고 풀어 보세요.

남자 : (띵동) 식사 왔습니다.

여자 : 현금이 없는데 카드로 결제해도 되지요?

남자 : 네. 그럼요. 다 드시면 문 앞에다 놓아 주세요.

제7과	그림 고르기 3	[mp3 03]

들은 내용과 맞는 그림을 고르는 문제입니다.

이야기를 듣기 전에 미리 선택지의 장소와 내용을 확인하세요.

여자/남자가 어떤 행동을 하고 있는지 확인하세요.

장소와 행동을 알면 답을 고르기가 쉽습니다.

1.

그림을 확인하세요.
남자와 여자는 무엇을 하고 있어요?
비슷한 그림의 차이를 찾아보세요.

1.
2. 여자는 힘들어 한다.
3.
4.

1. 남자는 다쳤다.
2.
3.
4.

[듣기 대본 3] * 이 부분을 종이로 가리고 듣고 풀어 보세요.

여자 : (가쁜 숨∼) 너무 덥고 힘들다. 옷이 땀에 흠뻑 젖었어.

남자 : 여기서 좀 쉬자.

여자 : 그래. 목 마르지? 이거 마셔. 오늘은 바람도 안 부네.

제7과	그림 고르기 4	[mp3 04]

들은 내용과 맞는 그림을 고르는 문제입니다.

이야기를 듣기 전에 미리 선택지의 장소와 내용을 확인하세요.

여자/남자가 어떤 행동을 하고 있는지 확인하세요.

장소와 행동을 알면 답을 고르기가 쉽습니다.

1.

①

②

③

④

그림을 확인하세요. 남자와 여자는 무엇을 하고 있어요? 비슷한 그림의 차이를 찾아보세요.	1. 남자는 서 있다. 2. 3. 4.
	1. 여자는 줄무늬 옷을 입고 있다. 2. 3. 4.

[듣기 대본 4] * 이 부분을 종이로 가리고 듣고 풀어 보세요.

여자 : 혹시 저 사람 배우 김미나 아니야?

남자 : 누구? 저기 꽃무늬 원피스 입은 사람 말이야?

여자 : 아니, 그 옆에 줄무늬 티셔츠에 반바지 입은 사람. 우리 사인 받으러 가자.

제8과

일치하는 도표 고르기

– 뉴스를 듣고 담화 상황을 추론할 수 있다.
– 도표(막대그래프, 원그래프, 선그래프)의 수치 표현을
   이해할 수 있다.

설문 조사의 주제가 무엇인지 확인해야 한다.

내용이 어렵지만 그래프에 제시되어 있으므로 단어를 몰라도 집중해서 들

으면 정답을 찾을 수 있다.

조사 결과, 순서, 변화, 비교, 이유를 나타내는 표현에 집중한다.

1. 듣기 전에 선택지를 읽고 이해하는지 확인한다.

2. 표와 그래프를 읽는 연습을 우선 시켜준다.

3. 선택지 간 다른 수치를 눈여겨보도록 유도한다.

4. 잘 들어가면서 메모 또는 선택지에 표시할 수 있도록 유도한다.

5. 정답이 아닌 것들은 왜 정답이 될 수 없는지 이야기할 수 있게 한다.

제8과	일치하는 도표 고르기 1	[mp3 05]

들은 내용과 맞는 그림을 고르는 문제입니다.

표와 그래프를 이해해야 합니다.

비율(%)을 나타내는 수치(숫자)를 잘 봐야 합니다.

변화를 나타내는 단어에 집중하면 답을 고르기가 쉽습니다.

이 문제는 순서를 나타내는 표현에 집중하면 답을 고르기가 쉽습니다.

1.

①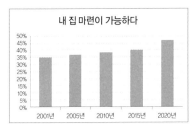

②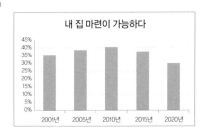

③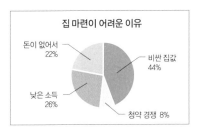

④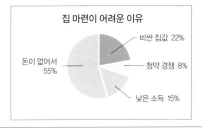

들으면서 메모하세요. 순서를 나타내는 표현을 찾아보세요.	* 점차 감소하고 있습니다. * 가장 많았으며 * 그 뒤를 이었습니다.
	순서를 나타내는 표현 N이/가 가장/제일 많았다/높았다. 그 다음으로 N이/가 뒤를 이었다. 마지막으로 N의 순서였다/순이었다.

[듣기 대본 5] * 이 부분을 종이로 가리고 듣고 풀어 보세요.

남자 : 10년 이내에 내 집 마련이 가능하다고 생각하는 사람이 점차 감소하고 있습니다. '내 집 마련의 걸림돌은 무엇
인가'라는 질문에는 '계속 치솟는 집값'이라는 대답이 가장 많았으며 '낮은 소득', '모아 놓은 돈이 없어서', ' 청
약 경쟁이 치열해서' 등이 그 뒤를 이었습니다.

들은 내용과 맞는 그림을 고르는 문제입니다.

표와 그래프를 이해해야 합니다.

비율(%)을 나타내는 수치(숫자)를 잘 봐야 합니다.

변화를 나타내는 단어에 집중하면 답을 고르기가 쉽습니다.

이 문제는 순서를 나타내는 표현에 집중하면 답을 고르기가 쉽습니다.

1.

①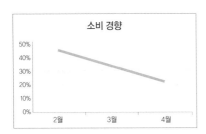

②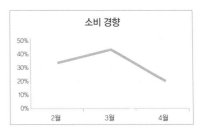

③

④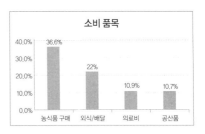

들으면서 메모하세요. 결과를 나타내는 표현을 찾아보세요.	* 조사 결과에 따르면 * 50% 이상 증가한 것으로 나타났습니다. * 각각 10.9%, 10.7%를 차지했습니다.
	결과를 나타내는 표현 A(으)ㄴ/V는/ N인 것으로 나타났다/밝혀졌다. N을/를 차지했다. 조사 결과에 따르면/의하면~

[듣기 대본 6] * 이 부분을 종이로 가리고 듣고 풀어 보세요.

남자 : 정부는 지난 4월 긴급재난지원금을 지급했습니다. 조사 결과에 따르면 지원금을 받지 않은 3월에 비해 소비가 늘었다는 응답자가 50% 이상 증가한 것으로 나타났습니다. 구체적인 사용 용도로는 농식품 구매가 36.6%, 외식 · 배달이 22%였고, 의료비와 공산품이 각각 10.9%, 10.7%를 차지했습니다.

들은 내용과 맞는 그림을 고르는 문제입니다.

표와 그래프를 이해해야 합니다.

비율(%)을 나타내는 수치(숫자)를 잘 봐야 합니다.

변화를 나타내는 단어에 집중하면 답을 고르기가 쉽습니다.

1.

①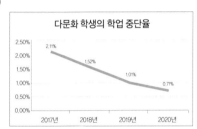

②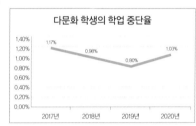

③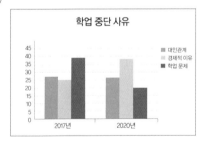

④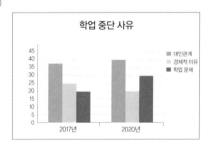

들으면서 메모하세요.

변화와 한정을 나타내는 단어를 찾아 보세요.

* 증가하다, 늘어나다, 상승하다, 많아지다, 높아지다.

* 감소하다, 줄어들다, 하락하다, 적어지다, 낮아지다.

변화와 한정을 나타내는 단어를 이용한 문장 연습

다문화 학생의 학업중단율이 증가하고 있다.

다문화 학생의 학업중단율이 감소하고 있다.

다문화 학생의 학업중단율이 감소했다가 다시 증가하고 있다.

[듣기 대본 7] * 이 부분을 종이로 가리고 듣고 풀어 보세요.

남자 : 2020년 다문화 학생의 학업 중단율은 1.03%를 기록했습니다. 2017년 1.17%보다는 감소했지만 2018년 0.98%, 2019년 0.80%보다는 오히려 증가했습니다. 다문화 학생의 학업 중단의 이유로는 2017년에는 대인관계, 경제적 이유, 학업 문제의 순이었으나 2020년에는 학업 문제가 가장 많았고, 대인관계, 경제적 이유 등이 뒤를 이었습니다.

들은 내용과 맞는 그림을 고르는 문제입니다.

표와 그래프를 이해해야 합니다.

비율(%)을 나타내는 수치(숫자)를 잘 봐야 합니다.

변화를 나타내는 단어에 집중하면 답을 고르기가 쉽습니다.

1.

①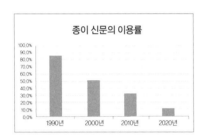

②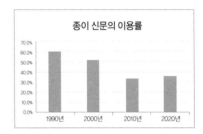

③

④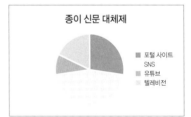

들으면서 메모하세요. 변화와 한정을 나타내는 단어를 찾아 보세요.	* 지속적으로 ~ * N에 비하다(비해) * 불과 * 무려
	변화와 한정을 나타내는 단어를 이용한 문장 연습 우리나라 경제는 지속적으로 성장하고 있다. 그런데 출산율은 무려 10%가 감소했다.

[듣기 대본 8] * 이 부분을 종이로 가리고 듣고 풀어 보세요.

　남자 : 종이신문의 이용 시간과 구독률이 지속적으로 감소하고 있습니다. 2020년 조사 결과 종이신문을 구독한다는 응답자는 12.3%에 불과해 1990년 87.2%에 비해 무려 7배 이상 감소했습니다. 종이신문의 대체재는 무엇이냐는 질문에 포털사이트, SNS, 유튜브, 텔레비전이라고 대답했습니다.

이어지는 말 고르기

– 대화를 듣고 다음에 이어질 말을 파악할 수 있다.
– 일상생활과 회사생활에서 쓰이는 표현을 이해할 수 있다.

학습 TIP

제시항(①②③④)을 보고 어떤 내용을 나올지 예상해 본다.

일상생활의 대화가 많이 나온다.

마지막 말을 잘 들으면 정답의 힌트가 있다.

다양한 장소(집, 회사, 학교 등)

다양한 관계(친구, 부부, 동료, 직원과 손님 등)

다양한 내용의 대화를 한다(감정 표현, 부탁, 요청, 제안, 지시, 거절, 수락, 문의 등).

교수학습 TIP

1. 듣기 전에 선택지를 읽고 어떤 내용이 들릴지 메모해 보도록 한다.

2. 마지막 대화를 집중해서 듣도록 한다.

3. 들으면서 선택지에 쓰인 내용과 다른 것들은 표시하게 한다.

4. 정답이 아닌 것들은 왜 정답이 될 수 없는지 이야기 나누게 한다.

제9과	이어지는 말 고르기 1	[mp3 09]

들은 내용에 이어지는 내용을 고르는 문제입니다.

일상생활에서 쓰이는 다양한 표현을 이해해야 합니다.

마지막 대화자가 하는 말을 주의 깊게 들어 봅시다.

대화에 나오는 의문 표현(누가, 언제, 어디에서, 무엇을)을 잘 들어 봅시다.

---

1. 다음을 듣고 이어질 수 있는 말로 가장 알맞은 것을 고르십시오. .

　　① 김밥 만들기가 너무 어려웠어.

　　② 지난번에 한국 친구에게서 배웠어.

　　③ 한국 음식은 누구나 만들 수 있어.

　　④ 문화 수업 시간에 김밥을 먹어 봤어.

마지막 대화는 무엇입니까?	* 여자가 남자에게, "한국 음식 만드는 거 누구에게 배웠어." 라고 물어 봄.
어떤 대화가 이어져야 합니까?	* 가르쳐 준 사람이 누구인지 말해야 함.

의문사를 확인해 봅시다.

누구	누가	사람
언제	몇 시/몇 월 며칠	시간
어디	어디에/어디에서	장소
무엇	뭐/무슨/어느	물건/행동

[듣기 대본 9] * 이 부분을 종이로 가리고 듣고 풀어 보세요.

남자 : 이거 좀 먹어 봐. 내가 만든 김밥이야.

여자 : 한국 음식도 만들 줄 알아? 누구한테서 배웠어?

남자 : _____

제9과	이어지는 말 고르기 2	[mp3 10]

들은 내용에 이어지는 내용을 고르는 문제입니다.

일상생활에서 쓰이는 다양한 표현을 이해해야 합니다.

마지막 대화자가 하는 말을 주의 깊게 들어 봅시다.

대화에 나오는 의문 표현(누가, 언제, 어디에서, 무엇을)을 잘 들어 봅시다.

2. 다음을 듣고 이어질 수 있는 말로 가장 알맞은 것을 고르십시오. .

① 아들도 아침을 안 먹고 학교에 가요.

② 늦게 자고 늦게 일어나는 습관이 있어요.

③ 채소를 먹지 않고 고기만 먹어서 걱정이에요.

④ 채소를 작게 다져서 음식에 넣어 먹여 보세요.

마지막 대화는 무엇입니까?	
어떤 대화가 이어져야 합니까?	

의문사를 확인해 봅시다.

왜	이유/목적	V/A아서/어서 V(으)려고
어떻게	방법	N(으)로 V(으)면 되다.
얼마나	정도/시간	N(시간)이/가 걸리다. 많이/조금

[듣기 대본 10] * 이 부분을 종이로 가리고 듣고 풀어 보세요.

여자 : 요즘 우리 첫째 딸 식습관을 좀 고치면 좋겠어요.

남자 : 왜요? 무슨 문제가 있어요?

여자 : _____

들은 내용에 이어지는 내용을 고르는 문제입니다.

일상생활에서 쓰이는 다양한 표현을 이해해야 합니다.

마지막 대화자가 하는 말을 주의 깊게 들어 봅시다.

대화에 나오는 의문 표현(누가, 언제, 어디에서, 무엇을)을 잘 들어 봅시다.

---

3. 다음을 듣고 이어질 수 있는 말로 가장 알맞은 것을 고르십시오.

    ① 응. 내일은 10월 5일이야.

    ② 몰라. 아마 집에 있을 거야.

    ③ 당연하지. 선물도 준비했어.

    ④ 아니. 내 생일은 목요일이야.

마지막 대화는 무엇입니까?	
어떤 대화가 이어져야 합니까?	

다양한 관계

손님과 직원	친구 관계	상사·부하

다양한 상황

기분이 안 좋아 보여.	기분/감정
무엇에 관심이 있어요?	흥미/관심

[듣기 대본 11] * 이 부분을 종이로 가리고 듣고 풀어 보세요.

여자 : 왜 이렇게 짜증을 내?

남자 : 너, 내일이 내 생일이라는 거 알고 있어?

여자 : _____

제9과	이어지는 말 고르기 4	[mp3 12]

들은 내용에 이어지는 내용을 고르는 문제입니다.

일상생활에서 쓰이는 다양한 표현을 이해해야 합니다.

마지막 대화자가 하는 말을 주의 깊게 들어 봅시다.

대화에 나오는 의문 표현(누가, 언제, 어디에서, 무엇을)을 잘 들어 봅시다.

4. 다음을 듣고 이어질 수 있는 말로 가장 알맞은 것을 고르십시오.

　① 그래. 피자 시켜 먹자.

　② 응. 오늘 저녁에 만들어 줄게.

　③ 다이어트 중이라 저녁 안 먹으려고.

　④ 아니. 배달해서 먹는 게 좋을 것 같아.

마지막 대화는 무엇입니까?	
어떤 대화가 이어져야 합니까?	

초대/제안했을 때 반응

초대/제안　우리도 반찬을 주문해 먹을까?

긍정 ➡

그래/좋아/응.

그렇게 하자/주문해 먹자.

부정 ➡

글쎄/아니/싫어.

만들어서 먹자.

[듣기 대본 12] * 이 부분을 종이로 가리고 듣고 풀어 보세요.

여자 : 오늘 저녁은 라면이나 끓여 먹자.

남자 : 라면은 별로야. 그냥 피자나 배달시켜 먹을래?

여자 : _____

들은 내용에 이어지는 내용을 고르는 문제입니다.

일상생활에서 쓰이는 다양한 표현을 이해해야 합니다.

마지막 대화자가 하는 말을 주의 깊게 들어 봅시다.

대화에 나오는 의문 표현(누가, 언제, 어디에서, 무엇을)을 잘 들어 봅시다.

5. 다음을 듣고 이어질 수 있는 말로 가장 알맞은 것을 고르십시오.

① 왜 계절 학기를 신청하려고 해요?

② 과 사무실 전화번호를 알려 줄게요.

③ 아까 전화했는데 전화를 안 받더라고요.

④ 계절 학기를 들으면 빨리 졸업할 수 있을 거예요.

마지막 대화는 무엇입니까?	
어떤 대화가 이어져야 합니까?	

```
조언/권유했을 때 반응

조언/권유    오래 걸릴 것 같은데 먼저 들어가 있는 게 어때?

수용  ⇒  알겠어/그렇게 할게.
           그럼 먼저 들어가 있을게.

거절  ⇒  아니야. 혼자 들어갈 수 없어.
           기다릴게. 같이 들어가자.
```

[듣기 대본 13] * 이 부분을 종이로 가리고 듣고 풀어 보세요.

여자 : 계절 학기 신청 기한이 언제까지인 줄 아세요?

남자 : 글쎄요. 과 사무실에 전화해 보는 건 어때요?

여자 : _____

제9과	이어지는 말 고르기 6	[mp3 14]

들은 내용에 이어지는 내용을 고르는 문제입니다.

일상생활에서 쓰이는 다양한 표현을 이해해야 합니다.

마지막 대화자가 하는 말을 주의 깊게 들어 봅시다.

대화에 나오는 의문 표현(누가, 언제, 어디에서, 무엇을)을 잘 들어 봅시다.

6. 다음을 듣고 이어질 수 있는 말로 가장 알맞은 것을 고르십시오.

① 네. 무거울수록 더 많이 내셔야 해요.

② 네. 4,000원만 내시면 어디든지 보낼 수 있어요.

③ 아니요. 상자가 무거워서 택배를 보낼 수 없어요.

④ 아니요. 오늘 보내면 내일쯤 도착할 수 있을 거예요.

마지막 대화는 무엇입니까?	
어떤 대화가 이어져야 합니까?	

다양한 관계

직원 · 손님   병원/우체국/은행 등의 장소

미용실/신발가게/편의점 등의 장소

다양한 상황

택배를 보내려고 왔는데요.   상황 확인/설명

무게에 따라서 가격이 달라지나요?   질문/문의

[듣기 대본 14] * 이 부분을 종이로 가리고 듣고 풀어 보세요.

여자 : 상자 무게가 5kg이니까 4,000원을 내셔야 해요.

남자 : 무게에 따라서 택배비가 달라지나요?

여자 : _____

제9과	이어지는 말 고르기 7	[mp3 15]

들은 내용에 이어지는 내용을 고르는 문제입니다.

일상생활에서 쓰이는 다양한 표현을 이해해야 합니다.

마지막 대화자가 하는 말을 주의 깊게 들어 봅시다.

대화에 나오는 의문 표현(누가, 언제, 어디에서, 무엇을)을 잘 들어 봅시다.

7. 다음을 듣고 이어질 수 있는 말로 가장 알맞은 것을 고르십시오.

    ① 그럼 시험을 보고 반을 정하는 게 어떠세요?

    ② 혼자 공부하는 것보다 학원에서 공부해 보세요.

    ③ 4개월 공부했으니까 중급반에서 공부하고 싶어요.

    ④ 매월 1일에 개강하니까 그때 다시 오시면 됩니다.

마지막 대화는 무엇입니까?	
어떤 대화가 이어져야 합니까?	

1. 남자 – 여자 – 남자				
2. 마지막 여자의 말을 잘 들어야 한다.	제안/초대	조언/권유	부탁/요청	의문사
3. 다양한 관계	손님 · 직원	친구	상사 · 부하	
4. 다양한 상황	기분/감정	흥미/관심	상황설명/확인	
	질문/문의			

[듣기 대본 15] * 이 부분을 종이로 가리고 듣고 풀어 보세요.

남자 : 일본어를 공부한 적이 있으신가요? 저희 학원은 초급반, 중급반, 고급반이 있습니다.

여자 : 4개월 동안 혼자서 공부했는데 초급인지 중급인지 잘 모르겠어요.

남자 : _____

들은 내용에 이어지는 내용을 고르는 문제입니다.

일상생활에서 쓰이는 다양한 표현을 이해해야 합니다.

마지막 대화자가 하는 말을 주의 깊게 들어 봅시다.

대화에 나오는 의문 표현(누가, 언제, 어디에서, 무엇을)을 잘 들어 봅시다.

---

8. 다음을 듣고 이어질 수 있는 말로 가장 알맞은 것을 고르십시오.

　① 10분만 기다려 주세요.

　② 저도 조금 전에 밥을 먹었어요.

　③ 오늘까지 이 일을 반드시 끝내야 해요.

　④ 알았어요. 조금 기다릴 테니까 같이 가요.

마지막 대화는 무엇입니까?

어떤 대화가 이어져야 합니까?

부탁/요청할 때 반응

부탁/요청 　나 대신 운전 좀 해 주세요.

수용 　알았어요. 근데 왜 운전을 할 수 없어요?

　네. 어디에 갈 거예요?

거절 　다리를 다쳐서 운전을 못 해요.

　미안해요. 일이 있어요.

[듣기 대본 16] * 이 부분을 종이로 가리고 듣고 풀어 보세요.

남자 : 점심 먹었어요? 안 먹었으면 같이 먹으러 가요.

여자 : 일 때문에 한 10분 정도 걸릴 것 같아요. 조금만 기다려 주세요.

남자 : _____

들은 내용에 이어지는 내용을 고르는 문제입니다.

일상생활에서 쓰이는 다양한 표현을 이해해야 합니다.

마지막 대화자가 하는 말을 주의 깊게 들어 봅시다.

대화에 나오는 의문 표현(누가, 언제, 어디에서, 무엇을)을 잘 들어 봅시다.

9. 다음을 듣고 이어질 수 있는 말로 가장 알맞은 것을 고르십시오.

    ① 시험을 잘 봐야 할 텐데 망칠까 봐 걱정이에요.

    ② 너무 힘들어서 시험을 포기할까 생각 중이에요.

    ③ 괜찮아요. 열심히 공부하다 보면 좋아질 거예요.

    ④ 공부보다 건강이 중요하니까 너무 무리하지 마세요.

마지막 대화는 무엇입니까?	
어떤 대화가 이어져야 합니까?	

다양한 상황

기분/감정	시험을 못 봐서 기분이 안 좋아요.	위로
	다음에 잘 볼 수 있을 거야.	
흥미	요즘 K-POP을 많이 들어요.	관심
	한국 가수 중에서 누구를 좋아해요?	
걱정	무슨 전공을 선택해야 할까요?	조언
	적성에 맞는 것을 선택하세요.	
문의	주말에도 이용할 수 있어요?	안내/대답
	일요일은 쉽니다.	

[듣기 대본 17] * 이 부분을 종이로 가리고 듣고 풀어 보세요.

남자 : 공부 많이 힘들어요? 안색이 안 좋아 보여요.

여자 : 괜찮아요. 시험이 코앞이라 밤낮으로 공부했더니 체력이 많이 떨어져서 그래요.

남자 : _____

들은 내용에 이어지는 내용을 고르는 문제입니다.

일상생활에서 쓰이는 다양한 표현을 이해해야 합니다.

마지막 대화자가 하는 말을 주의 깊게 들어 봅시다.

대화에 나오는 의문 표현(누가, 언제, 어디에서, 무엇을)을 잘 들어 봅시다.

10. 다음을 듣고 이어질 수 있는 말로 가장 알맞은 것을 고르십시오.

① 이미 가방을 선물하기로 했어.

② 이번 어버이날 선물로 현금을 받고 싶어.

③ 돈보다는 마음이나 정성이 느껴지는 선물이 좋아.

④ 그래도 필요한 물건을 직접 살 수 있어서 좋지 않을까?

마지막 대화는 무엇입니까?	
어떤 대화가 이어져야 합니까?	

주제에 대한 생각 차이

남자의 생각	어버이날 선물로 현금을 드리려고 한다.
여자의 생각	현금보다는 선물이 좋다.

이유 ➡ 남자 : 현금으로 필요한 물건을 살 수 있다.

여자 : 돈으로는 마음이나 정성이 느껴지지 않는다.

[듣기 대본 18] * 이 부분을 종이로 가리고 듣고 풀어 보세요.

남자 : 누나. 어버이날 선물 뭐 할 거야? 나는 그냥 현금으로 드릴까 하는데.

여자 : 현금? 선물을 준비하는 게 좋지 않아? 현금은 정성이 안 느껴지잖아.

남자 : ＿＿＿＿＿＿＿＿＿＿＿＿＿＿＿＿

이어지는 말 고르기 11

[mp3 19]

들은 내용에 이어지는 내용을 고르는 문제입니다.

일상생활에서 쓰이는 다양한 표현을 이해해야 합니다.

마지막 대화자가 하는 말을 주의 깊게 들어 봅시다.

대화에 나오는 의문 표현(누가, 언제, 어디에서, 무엇을)을 잘 들어 봅시다.

11. 다음을 듣고 이어질 수 있는 말로 가장 알맞은 것을 고르십시오.

    ① 이 디자인으로 최종 결정하겠습니다.

    ② 디자인 시안을 오늘까지 완성해 주세요.

    ③ 회사 이름을 지우는 게 좋을 것 같습니다.

    ④ 그럼 회사명을 눈에 띄도록 크게 바꾸겠습니다.

마지막 대화는 무엇입니까?	
어떤 대화가 이어져야 합니까?	

회사 · 관계	상황
직장 동료	회사 생활에 대한 이야기
상사 · 부하	업무 보고/지시
회사에 온 손님	장소 안내/소개
업무 전화	사업 문의/확인

[듣기 대본 19] * 이 부분을 종이로 가리고 듣고 풀어 보세요.

남자 : 과장님, 제품 디자인 시안이 완성되었는데요. 확인 좀 해주시겠어요?

여자 : 네, 다 좋은데 회사명이 조금 작아서 안 보이는 것 같아요.

남자 : _____

들은 내용에 이어지는 내용을 고르는 문제입니다.

일상생활에서 쓰이는 다양한 표현을 이해해야 합니다.

마지막 대화자가 하는 말을 주의 깊게 들어 봅시다.

대화에 나오는 의문 표현(누가, 언제, 어디에서, 무엇을)을 잘 들어 봅시다.

12. 다음을 듣고 이어질 수 있는 말로 가장 알맞은 것을 고르십시오.

① 유급 휴가는 연간 10일 사용할 수 있어요.

② 신청서를 작성해서 저에게 제출하면 돼요.

③ 유급 휴가를 신청하는 사람이 별로 없어요.

④ 다음 주 월요일부터 출장을 가면 될 거예요.

마지막 대화는 무엇입니까?	
어떤 대화가 이어져야 합니까?	

상황

회사 생활 문의	휴가를 받고 싶은데 어떻게 해야 하나요?
안내	휴가 신청서를 제출하면 돼요.

보고	이 보고서 좀 확인해 주세요.
지시	회사 이름을 더 크게 만드세요.

[듣기 대본 20] * 이 부분을 종이로 가리고 듣고 풀어 보세요.

남자 : 김 대리, 할 말이 있다면서요?

여자 : 다름이 아니라, 개인적인 사정으로 유급 휴가를 신청하고 싶은데 어떻게 해야 되나요?

남자 : _____

제10과

이어질 행동 고르기
– 대화를 듣고 다음에 이어질 행동을 추론할 수 있다.
– 일상생활과 회사생활에서 쓰이는 표현을 이해할 수 있다.

제시항(①②③④)을 보고 어떤 내용을 나올지 예상해 본다.

여자의 의지나 계획에 대한 말에 집중한다.

남자의 권유, 제안, 지시의 말에 집중한다.

순서를 나타내는 말을 잘 듣고 가장 처음 무엇을 해야 하는지 확인한다.

교수학습 TIP

1. 듣기 전에 선택지를 읽고 어떤 내용이 들릴지 메모해 보도록 한다.

2. 대화에서 행동의 변화를 지시할 만한 표현을 집중해서 듣도록 한다.

3. 들으면서 선택지에 쓰인 내용과 가장 적절한 것에 표시하게 한다.

4. 정답이 아닌 것들은 왜 정답이 될 수 없는지 이야기 나누게 한다.

제10과	이어질 행동 고르기 1	[mp3 21]

들은 내용의 결과로 남자 또는 여자가 어떤 행동을 할지 찾는 문제입니다.

일상생활에서 쓰이는 다양한 표현을 이해해야 합니다.

이어질 행동을 찾아내야 하는 대상(남자/여자)의 대화에 힌트가 있습니다.

대화에 나오는 의지의 표현(무엇을 해야 하겠다)을 잘 들어 봅시다.

---

1. 다음을 듣고 여자가 이어서 할 행동으로 맞는 것을 고르십시오.

   ① 가위를 찾는다.

   ② 서랍 안을 정리한다.

   ③ 서랍에 가위를 넣는다.

   ④ 가위를 책상 위에 둔다.

여자의 마지막 대화는 무엇입니까?	* 아휴, 알았어요. 서랍 안에 넣어 둘게요.
어떤 행동을 해야 합니까?	남자가 서랍 속에 가위가 없다고 화를 냈다. 여자는 서랍 안에 넣어 두겠다고 말했다. 서랍 안에 가위를 넣는다.

> 여자의 말 힌트

> 여자의 의지나 의도/목적을 나타내는 말에 집중!

> 서랍 안에 넣어 두어야겠어요.   서랍 안에 넣어 두러 가요.

> 서랍 안에 넣어 둘게요.   서랍 안에 넣어 두려고 해요.

[듣기 대본 21] * 이 부분을 종이로 가리고 듣고 풀어 보세요.

남자 : 서랍 안에 있어야 할 가위가 왜 여기 있어요?

여자 : 아. 그거 이따가 또 사용할 거예요. 그냥 책상 위에 두세요.

남자 : 이렇게 아무 데나 두면 잃어버리기 쉽고 사용하려고 할 때 빨리 찾을 수가 없어요.

여자 : 아휴, 알았어요. 서랍 안에 넣어 둘게요.

| 제10과 | 이어질 행동 고르기 2 | [mp3 22] |

들은 내용의 결과로 남자 또는 여자가 어떤 행동을 할지 찾는 문제입니다.

일상생활에서 쓰이는 다양한 표현을 이해해야 합니다.

이어질 행동을 찾아내야 하는 대상(남자/여자)의 대화에 힌트가 있습니다.

대화에 나오는 의지의 표현(무엇을 해야 하겠다)을 잘 들어 봅시다.

2. 다음을 듣고 여자가 이어서 할 행동으로 맞는 것을 고르십시오.

　① 회의를 진행한다.

　② 기획서를 작성한다.

　③ 남자의 회사에 간다.

　④ 집에서 남자를 기다린다.

여자의 마지막 대화는 무엇입니까?	
어떤 행동을 해야 합니까?	

> 여자의 말 힌트

> 여자의 의지나 계획을 나타내는 말에 집중!

보고서 가지고 갈래요.	보고서 가지고 가려고 해요.
보고서 가지고 갈 테니까 기다리세요.	보고서 가지고 갈 거예요.

V아/어야겠다.	V(으)ㄹ게요.	V(으)러	V(으)려고
V(으)ㄹ래요.	V(으)ㄹ테니까.	V(으)려고 하다.	V(으)ㄹ 거예요.

[듣기 대본 22] * 이 부분을 종이로 가리고 듣고 풀어 보세요.

남자 : 여보세요? 미나야. 책상 위에 기획서 있지? 어제 작성한 기획선데 깜빡했어.

여자 : 책상 위에 기획서… 아! 찾았다.

남자 : 그거 회사로 갖다 줄 수 있어? 기획서가 없으면 회의를 못 하거든.

여자 : 알았어. 기획서 가지고 갈 테니까 10분만 기다려.

제10과	이어질 행동 고르기 3	[mp3 23]

들은 내용의 결과로 남자 또는 여자가 어떤 행동을 할지 찾는 문제입니다.

일상생활에서 쓰이는 다양한 표현을 이해해야 합니다.

이어질 행동을 찾아내야 하는 대상(남자/여자)의 대화에 힌트가 있습니다.

대화에 나오는 의지의 표현(무엇을 해야 하겠다)을 잘 들어 봅시다.

---

3. 다음을 듣고 여자가 이어서 할 행동으로 맞는 것을 고르십시오.

　　① 병원에 간다.

　　② 누워서 쉰다.

　　③ 계속 공부한다.

　　④ 택시를 부른다.

여자의 마지막 대화는 무엇입니까?	
어떤 행동을 해야 합니까?	

```
남자의 말 힌트
```

```
남자가 여자에게 하는 권유/제안/부탁의 표현에 집중!
```

```
좀 쉬세요.        같이 갈래요?        택시 좀 불러 주세요.
```

```
여자의 대답
```

```
네.              좋아요.              알겠습니다.
```

[듣기 대본 23] * 이 부분을 종이로 가리고 듣고 풀어 보세요.

남자 : 갑자기 일어났더니 좀 어지럽네.

여자 : 안색이 많이 안 좋네. 계속 공부할 수 있겠어?

남자 : 미안한데, 병원에 가야겠어. 택시 좀 불러 줄래?

여자 : 알았어. 잠깐 누워서 쉬어. 힘들어도 조금만 참아.

들은 내용의 결과로 남자 또는 여자가 어떤 행동을 할지 찾는 문제입니다.

일상생활에서 쓰이는 다양한 표현을 이해해야 합니다.

이어질 행동을 찾아내야 하는 대상(남자/여자)의 대화에 힌트가 있습니다.

대화에 나오는 의지의 표현(무엇을 해야 하겠다)을 잘 들어 봅시다.

---

4. 다음을 듣고 여자가 이어서 할 행동으로 맞는 것을 고르십시오.

 ① 서류를 제출한다.

 ② 토픽 시험을 본다.

 ③ 자기소개서를 작성한다.

 ④ 성적증명서를 발급받는다.

여자의 마지막 대화는 무엇입니까?	
어떤 행동을 해야 합니까?	

남자의 말 힌트

남자가 여자에게 하는 권유/제안/부탁의 표현에 집중!

가는 게 어때요?	가도록 하세요.	가면 돼요.
V(으)세요.	V(으)래요.	V아/어 주세요.
V는 게 어때요?	V도록 하세요.	V(으)면 돼요.

[듣기 대본 24] * 이 부분을 종이로 가리고 듣고 풀어 보세요.

남자 : 내일까지 대학 입학 서류를 제출해야 해요. 자기소개서와 학업계획서는 다 썼지요?

여자 : 네, 다 썼어요. 토픽 성적 증명서도 필요해요?

남자 : 네, 흐엉 씨는 외국인이라서 성적증명서가 필요해요.

   성적증명서가 없으면 인터넷 홈페이지에서 발급받도록 하세요.

여자 : 네. 알겠습니다.

제10과	이어질 행동 고르기 5	[mp3 25]

들은 내용의 결과로 남자 또는 여자가 어떤 행동을 할지 찾는 문제입니다.

일상생활에서 쓰이는 다양한 표현을 이해해야 합니다.

이어질 행동을 찾아내야 하는 대상(남자/여자)의 대화에 힌트가 있습니다.

대화에 나오는 의지의 표현(무엇을 해야 하겠다)을 잘 들어 봅시다.

5. 다음을 듣고 <u>여자</u>가 이어서 할 행동으로 맞는 것을 고르십시오.

    ① 먼지를 턴다.

    ② 창문을 연다.

    ③ 바닥을 닦는다.

    ④ 청소기를 돌린다.

여자의 마지막 대화는 무엇입니까?	
어떤 행동을 해야 합니까?	

힌트가 되는 단어

그 전에	먼저	우선

같이 밥을 먹어요. 그 전에 손을 씻을까요?

먼저 제가 청소할게요.

우선 전화를 해 두세요.

[듣기 대본 25] * 이 부분을 종이로 가리고 듣고 풀어 보세요.

남자 : 봄도 됐는데 우리 대청소할까?

여자 : 좋아. 그럼 내가 청소기를 돌릴 테니까 너는 걸레로 바닥을 닦아 줘.

남자 : 알았어. 그 전에 창문을 열어서 환기 좀 해야겠다. 먼지가 너무 많이 나는데?

여자 : 내가 창문 먼저 열고 청소기 돌릴게.

제10과	이어질 행동 고르기 6	[mp3 26]

들은 내용의 결과로 남자 또는 여자가 어떤 행동을 할지 찾는 문제입니다.

일상생활에서 쓰이는 다양한 표현을 이해해야 합니다.

이어질 행동을 찾아내야 하는 대상(남자/여자)의 대화에 힌트가 있습니다.

대화에 나오는 의지의 표현(무엇을 해야 하겠다)을 잘 들어 봅시다.

6. 다음을 듣고 여자가 이어서 할 행동으로 맞는 것을 고르십시오.

① 재료를 손질한다.

② 김치를 먹어 본다.

③ 김치 양념을 만든다.

④ 배추에 소금을 뿌린다.

여자의 마지막 대화는 무엇입니까?	
어떤 행동을 해야 합니까?	

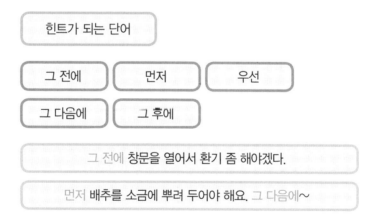

[듣기 대본 26] * 이 부분을 종이로 가리고 듣고 풀어 보세요.

여자 : 오늘 무슨 날이에요? 이게 다 뭐예요?

남자 : 김장하고 있어요. 겨울 동안 먹을 김치를 미리 담가 두려고요.

여자 : 김치도 담글 줄 알아요? 제가 도와 드릴게요.

남자 : 고마워요. 그럼 먼저 배추에 소금을 뿌려 두어야 해요. 그 다음에 양념에 들어갈
      재료를 좀 손질해 주세요.

이어질 행동 고르기 7 [mp3 27]

들은 내용의 결과로 남자 또는 여자가 어떤 행동을 할지 찾는 문제입니다.
일상생활에서 쓰이는 다양한 표현을 이해해야 합니다.
이어질 행동을 찾아내야 하는 대상(남자/여자)의 대화에 힌트가 있습니다.
대화에 나오는 의지의 표현(무엇을 해야 하겠다)을 잘 들어 봅시다.

7. 다음을 듣고 여자가 이어서 할 행동으로 맞는 것을 고르십시오.
   ① 외출한다.
   ② 넥타이를 맨다.
   ③ 장례식장에 간다.
   ④ 옷을 갈아입는다.

여자의 마지막 대화는 무엇입니까?	
어떤 행동을 해야 합니까?	

1. 여자의 행동을 고르는 문제

2. 여자의 말 힌트 　V아/어야겠다. 　V(으)ㄹ게요. 　V(으)ㄹ래요.

3. 남자의 말 힌트 　V(으)세요. 　V(으)ㄹ래요? 　V아/어 주세요.

4. 단어 힌트 　먼저 　우선 　그전에

5. 순서를 나타내는 문법 　V고 　V아서/어서 　V기 전에
   V고 나서 　V(으)ㄴ 후에

V고	밥을 먹고 이를 닦으세요.
	만수 씨는 졸업하고 고향에 돌아갈 거예요.

[듣기 대본 27] * 이 부분을 종이로 가리고 듣고 풀어 보세요.
남자 : 여보, 잠깐 나갔다 올게요.
여자 : 이렇게 늦은 시간에 검은 양복에 넥타이까지 매고 어디 가요?
남자 : 민수 씨의 할아버지께서 돌아가셨대요. 장례식장에 가려고요.
여자 : 그럼 저도 같이 가요. 옷만 갈아입고 나올게요.

들은 내용의 결과로 남자 또는 여자가 어떤 행동을 할지 찾는 문제입니다.

일상생활에서 쓰이는 다양한 표현을 이해해야 합니다.

이어질 행동을 찾아내야 하는 대상(남자/여자)의 대화에 힌트가 있습니다.

대화에 나오는 의지의 표현(무엇을 해야 하겠다)을 잘 들어 봅시다.

8. 다음을 듣고 여자가 이어서 할 행동으로 맞는 것을 고르십시오.

    ① 거래처에 전화한다.

    ② 다른 기획서를 작성한다.

    ③ 재료를 싼 값에 구입한다.

    ④ 새로운 거래처를 알아본다.

여자의 마지막 대화는 무엇입니까?	
어떤 행동을 해야 합니까?	

1. 여자의 행동을 고르는 문제

2. 여자의 말 힌트 | V아/어야겠다. | V(으)ㄹ게요. | V(으)ㄹ래요. |

3. 남자의 말 힌트 | V(으)세요. | V(으)ㄹ래요? | V아/어 주세요. |

4. 단어 힌트 | 먼저 | 우선 | 그전에 |

5. 순서를 나타내는 문법 | V고 | V아서/어서 | V기 전에 |
   | V고 나서 | V(으)ㄴ 후에 |

V아서/어서   도서관 가서 책을 빌려요.

사진을 찍어서 부모님께 보냈어요.

[듣기 대본 28] * 이 부분을 종이로 가리고 듣고 풀어 보세요.

남자 : 미나 씨, 이 기획은 좋긴 한데 가장 큰 문제는 생산비예요.

여자 : 값싼 재료를 사용해서 가격을 낮추도록 하겠습니다.

남자 : 그렇게 되면 품질이 떨어지잖아요. 거래하던 회사도 바꿔야 하고요.

여자 : 그럼, 거래처에 전화해서 생산비를 낮출 방법이 있는지 문의해 보겠습니다.

제10과	이어질 행동 고르기 9	[mp3 29]

들은 내용의 결과로 남자 또는 여자가 어떤 행동을 할지 찾는 문제입니다.

일상생활에서 쓰이는 다양한 표현을 이해해야 합니다.

이어질 행동을 찾아내야 하는 대상(남자/여자)의 대화에 힌트가 있습니다.

대화에 나오는 의지의 표현(무엇을 해야 하겠다)을 잘 들어 봅시다.

9. 다음을 듣고 여자가 이어서 할 행동으로 맞는 것을 고르십시오.
　① 책을 정리한다.
　② 책상을 옮긴다.
　③ 짜장면을 주문한다.
　④ 이삿짐센터에 전화한다.

여자의 마지막 대화는 무엇입니까?	
어떤 행동을 해야 합니까?	

1. 여자의 행동을 고르는 문제

2. 여자의 말 힌트 　　V아/어야겠다. 　　V(으)ㄹ게요. 　　V(으)ㄹ래요.

3. 남자의 말 힌트 　　V(으)세요. 　　V(으)ㄹ래요? 　　V아/어 주세요.

4. 단어 힌트 　　먼저 　　우선 　　그전에

5. 순서를 나타내는 문법 　　V고 　　V아서/어서 　　V기 전에
　　V고 나서 　　V(으)ㄴ 후에

V고 나서	책을 정리하고 나서 밥을 먹읍시다.	V(으)ㄴ 후에	수업이 끝난 후에 뭐 할 거예요?
	영화를 보고 나서 쇼핑을 해요.		숙제를 한 후에 게임을 해요.

[듣기 대본 29] * 이 부분을 종이로 가리고 듣고 풀어 보세요.

남자 : 어우~ 이 책상 정말 무겁다. 다음에는 이삿짐센터를 이용하는 게 좋겠어.

여자 : 힘들지? 정말 고마워. 나 혼자 했다면 정말 힘들었을 거야.

남자 : 근데, 점심은 언제 먹어? 너무 배고파서 책상을 들 힘도 없어.

여자 : 어? 벌써 점심시간이네. 이 책들만 정리하고 나서 짜장면 시켜 먹자.

이어질 행동 고르기 10

[mp3 30]

들은 내용의 결과로 남자 또는 여자가 어떤 행동을 할지 찾는 문제입니다.

일상생활에서 쓰이는 다양한 표현을 이해해야 합니다.

이어질 행동을 찾아내야 하는 대상(남자/여자)의 대화에 힌트가 있습니다.

대화에 나오는 의지의 표현(무엇을 해야 하겠다)을 잘 들어 봅시다.

10. 다음을 듣고 여자가 이어서 할 행동으로 맞는 것을 고르십시오.

　① 버스를 탄다.

　② 기차표로 바꾼다.

　③ 버스에서 내린다.

　④ 기차표를 환불한다.

여자의 마지막 대화는 무엇입니까?	
어떤 행동을 해야 합니까?	

1. 여자의 행동을 고르는 문제

2. 여자의 말 힌트 　　V아/어야겠다.　　V(으)ㄹ게요.　　V(으)ㄹ래요.

3. 남자의 말 힌트 　　V(으)세요.　　V(으)ㄹ래요?　　V아/어 주세요.

4. 단어 힌트 　　먼저　　우선　　그전에

5. 순서를 나타내는 문법 　　V고　　V아서/어서　　V기 전에

　　V고 나서　　V(으)ㄴ 후에

V기 전에 　　버스 타기 전에 기차표를 환불해야 해요.

밥을 먹기 전에 손을 씻으세요.

[듣기 대본 30] * 이 부분을 종이로 가리고 듣고 풀어 보세요.

남자 : 지금 오면 어떻게 해! 기차 놓쳤잖아.

여자 : 미안해. 길이 막히는 바람에 늦었어. 기다리지 말고 가지 그랬어.

남자 : 어떻게 혼자 가? 그리고 표를 네가 가지고 있잖아.

여자 : 정말 미안해. 버스 타고 가자. 아! 버스 타기 전에 기차표 환불해야겠다.

제11과

들은 내용과 같은 것 고르기
– 일상 대화, 뉴스, 인터뷰를 듣고 세부 내용을 파악할 수 있다.
– 안내/공지를 읽고 들은 내용과 같은 것을 찾을 수 있다.

학습 TIP

13번은 일상생활의 대화가 나온다.

어떤 관계인지, 어떤 상황인지 파악해 본다.

14번은 안내 방송이 나온다.

변화나 주의 사항을 중점적으로 들어야 한다.

15번은 뉴스/보도가 나온다.

날씨나 사건/사고의 뉴스가 많이 나오기 때문에 이에 해당하는 단어를 많이

알아야 한다.

육하원칙을 생각해 본다.

16번은 인터뷰가 나온다.

인터뷰는 어떤 분야의 전문가로 전문적인 내용을 설명하거나 주장할 때가 많다.

교수학습 TIP

1. 듣기 전에 선택지를 읽고 어떤 내용이 들릴지 메모해 보도록 한다.

2. 들으면서 선택지에 쓰인 내용과 다른 것들은 표시하게 한다.

3. 주제에 대한 대화 방향을 정리하는 연습을 할 수 있도록 한다.

4. 문제 풀이 후 대화, 안내, 뉴스, 인터뷰 등의 형식을 이해할 수 있도록 설명한다.

들은 내용 같은 것을 찾는 문제입니다.

일상생활, 안내방송, 뉴스 보도, 인터뷰 등의 대화 형식과 내용을 이해해야 합니다.

이야기를 듣기 전에 선택지를 먼저 잘 읽고 어떤 내용이 나올지 짐작해 봅니다.

들으면서 선택지의 내용과 같은지, 다른지 표시합니다.

---

1. 다음을 듣고 들은 내용과 같은 것을 고르십시오.

   ① 바나나껍질로 가죽을 닦으면 깨끗해진다.

   ② 남자는 가죽 재킷을 세탁소에 맡기고 싶어 한다.

   ③ 남자는 바나나껍질로 가죽을 닦아 본 적이 없다.

   ④ 바나나껍질로 가죽을 닦으면 냄새가 심하게 난다.

※집중해서 들으면서 들리는 내용과 다른 표현에 표시하세요.

들은 내용을 차례차례 정리해 봅시다.	가죽 재킷이 더럽다. 세탁소에 맡겨야 한다. 바나나 껍질로 닦아 봐. 나도 해 봤어, 괜찮아.

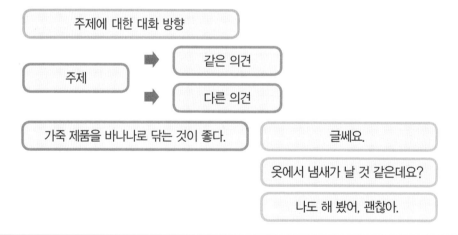

```
        주제에 대한 대화 방향

    주제    ➡    같은 의견

            ➡    다른 의견

 가죽 제품을 바나나로 닦는 것이 좋다.        글쎄요.

                          옷에서 냄새가 날 것 같은데요?

                          나도 해 봤어, 괜찮아.
```

[듣기 대본 31] * 이 부분을 종이로 가리고 듣고 풀어 보세요.

여자 : 가죽 재킷이 너무 더럽네. 세탁소에 맡겨야겠어.

남자 : 세탁소에 맡기지 말고 바나나껍질로 닦아 봐.

여자 : 그러면 깨끗해져? 옷에 냄새가 나지 않을까?

남자 : 나도 해 봤는데 가죽도 깨끗해지고 냄새도 안 나.

제11과	들은 내용과 같은 것 고르기 2	[mp3 32]

※ 집중해서 들으면서, 들리는 내용과 다른 표현에 표시하세요.

2. 다음을 듣고 들은 내용과 같은 것을 고르십시오.
　① 여행사는 연봉이 높고 상여금도 준다.
　② 남자는 여행사의 일이 적성에 안 맞는다.
　③ 남자는 월급 때문에 은행으로 직장을 옮겼다.
　④ 은행에 다니면 월급이 적어서 생활비가 부족하다.

들은 내용을 차례차례 정리해 봅시다.	남자는 은행으로 이직했다.

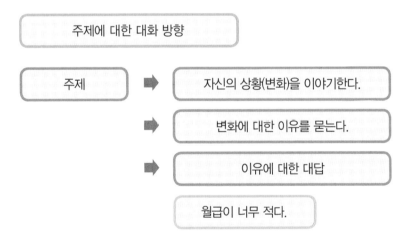

```
주제에 대한 대화 방향

주제  ➡  자신의 상황(변화)을 이야기한다.

      ➡  변화에 대한 이유를 묻는다.

      ➡  이유에 대한 대답

         월급이 너무 적다.
```

[듣기 대본 32] * 이 부분을 종이로 가리고 듣고 풀어 보세요.

남자 : 미나 씨, 저 은행으로 이직했어요.

여자 : 네? 여행사에 취직한 지 얼마 안 됐잖아요.

남자 : 여행사 적성에 맞고 재미있는데 월급이 너무 적어요. 여행사 월급으로는 생활비가 부족하더라고요.

여자 : 그렇군요. 은행은 연봉도 높고 상여금도 주니까 생활비 걱정은 없겠네요.

| 제11과 | 들은 내용과 같은 것 고르기 3 | [mp3 33] |

※집중해서 들으면서, 들리는 내용과 다른 표현에 ~~표시~~하세요.

3. 다음을 듣고 들은 내용과 같은 것을 고르십시오.

　① 여자는 곧 결혼을 할 예정이다.

　② 남자와 여자는 자주 만나는 사이다.

　③ 여자는 내일 오후에 학교에 가려고 한다.

　④ 남자는 약혼녀를 여자에게 소개하고 싶어 한다.

들은 내용을 차례차례 정리해 봅시다.	여자가 교수님이다.

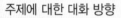

```
┌─────────────────────────┐
│    주제에 대한 대화 방향    │
└─────────────────────────┘

┌──────────┐       ┌─────────────────────────────┐
│ 주제/상황 │  ➡   │ 서로의 상황을 말하고 약속을 정한다. │
└──────────┘       └─────────────────────────────┘

┌──────────┐
│ 남자 / 여자 │
└──────────┘

┌──────────────┐     ┌────────────────────┐
│  결혼을 한다.  │     │ 내일 오후에 시간이 있다. │
└──────────────┘     └────────────────────┘

┌──────────────────┐     ┌──────────────┐
│ 약혼자를 소개하려고 한다. │     │  학교에서 만난다.  │
└──────────────────┘     └──────────────┘
```

[듣기 대본 33] * 이 부분을 종이로 가리고 듣고 풀어 보세요.

남자 : (띠리리링~) 교수님 안녕하세요? 저 민수예요. 그동안 연락 못 드려서 죄송해요.

여자 : 그래. 오랜만이네. 잘 지내지?

남자 : 네. 잘 지내고 있어요. 저~ 교수님, 제가 곧 결혼을 하는데 교수님께 제 약혼녀를 소개하고 싶어요.
　　　 언제 시간이 되세요?

여자 : 결혼 축하하네. 그럼 내일 오후에 시간이 있으니까 학교로 오도록 하게.

※ 집중해서 들으면서, 들리는 내용과 다른 표현에 **표시**하세요.

4. 다음을 듣고 들은 내용과 같은 것을 고르십시오.

   ① 남자는 오늘 저녁에 모임이 있다.

   ② 여자는 남자에게 청소를 부탁했다.

   ③ 남자는 저녁에 음식을 만들어야 한다.

   ④ 여자는 퇴근 후 일찍 집으로 올 것이다.

	남자가 일찍 퇴근해서 아이들을 돌볼 것이다.
들은 내용을 차례차례 정리해 봅시다.	

> 주제에 대한 대화 방향

> 주제/상황 상황을 말한 후 부탁/요청/거절/수락을 한다.

> 남자 / 여자

> 회식한다/늦게 들어온다. 　음식을 만들어 놓았다. 　청소를 부탁한다.

> 일찍 퇴근한다. 　아이들에게 음식을 먹인다. 　청소한다.

[듣기 대본 34] * 이 부분을 종이로 가리고 듣고 풀어 보세요.

여자 : 여보. 저 오늘 회식이 있어서 집에 늦게 들어오는 거 알지요?

남자 : 네. 알아요. 제가 일찍 퇴근해서 아이들 저녁도 먹일게요.

여자 : 음식은 만들어 놓았으니까 국만 데워서 먹이세요. 밥 먹이고 청소도 좀 해 주세요.

남자 : 알았어요. 걱정하지 마세요.

※집중해서 들으면서, 들리는 내용과 다른 표현에 ~~표시~~하세요.

5. 다음을 듣고 들은 내용과 같은 것을 고르십시오.

① 안전화는 신지 않아도 괜찮다.

② 안전 점검은 일이 끝난 후에 실시한다.

③ 작업하지 않을 때는 안전모를 안 써도 된다.

④ 퇴근 전 기계의 전원이 꺼졌는지 확인해야 한다.

들은 내용을 차례차례 정리해 봅시다.	안전에 대한 방송 내용이다.

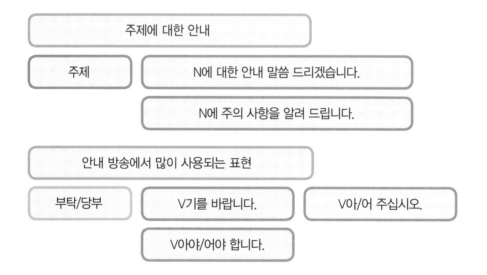

[듣기 대본 35] * 이 부분을 종이로 가리고 듣고 풀어 보세요.

남자 : (띵동~) 안녕하십니까? 공장 안전 수칙에 대해 말씀드리겠습니다. 공장 내에서는 작업을 하지 않아도 안전모와 안전화를 반드시 착용해 주시고 작업 시작 전 안전 점검을 실시해 주시기 바랍니다. 또한 작업이 끝나면 기계의 전원이 완전히 꺼졌는지 확인한 후 퇴근해야 합니다. 안전을 위해 모두의 협조가 필요합니다.

들은 내용과 같은 것 고르기 6 [mp3 36]

※집중해서 들으면서, 들리는 내용과 다른 표현에 ~~표시~~하세요.

6. 다음을 듣고 들은 내용과 같은 것을 고르십시오.

① 평일에는 병문안이 불가능하다.
② 최근 병원에서 감염병이 발생했다.
③ 평일 병문안 가능 시간이 바뀌었다.
④ 주말 오전에는 병문안을 할 수 없다.

들은 내용을 차례차례 정리해 봅시다.	병원 안내 방송이다. 병문안 시간을 안내하고 있다.

변화

N(으)로 바뀌다.   V게 되다.   A아/어지다.

병문안 가능 시간 : 6시까지 → 3시까지

안내 방송에서 많이 사용되는 표현

가능/불가능하다.   V(으)ㄹ 수 있다/없다.

V(으)면 안 됩니다.   N이/가 금지입니다.   N을/를 금하여 주시기 바랍니다.

[듣기 대본 36] * 이 부분을 종이로 가리고 듣고 풀어 보세요.

남자 : (띵동~) 송곡대학교병원에서 안내 말씀드립니다. 최근 발생한 감염병 방지를 위해 입원 환자 방문 가능 시간이 평일 오후 6시에서 오후 3시로 변경됩니다. 또한 주말 오후 1시 이후부터는 병문안이 불가능하므로 이점 또한 유의해 주시기 바랍니다.

들은 내용과 같은 것 고르기 7

[mp3 37]

※집중해서 들으면서, 들리는 내용과 다른 표현에 ~~표시~~하세요.

---

7. 다음을 듣고 들은 내용과 같은 것을 고르십시오.

① 춘천시 중학생들도 지원을 받게 된다.

② 100만 원까지 활동비를 받을 수 있다.

③ 홈페이지와 전화로 지원금 신청이 가능하다.

④ 동아리 인원이 4명인 경우에도 신청할 수 있다.

들은 내용을 차례차례 정리해 봅시다.	춘천시의 지원 사업 안내 내용이다.

사업/행사 신청에 관한 안내 방송

누가	언제	어디	무엇

남자 : 저희 춘천시에서는 고등학생 음악 동아리 지원 사업 을 운영 중입니다. 춘천시 내 10명 이상의 고등학교 음악 동아리라면 신청이 가능하며 신청 시 교사의 추천서가 필요합니다. 3월 1일부터 한 달 동안 홈페이지를 통해 신청할 수 있고 최대 100만 원까지 지원이 가능하니 많은 신청 바랍니다.

전시회/음악회 안내 방송

기간	시간	비용	주의사항

[듣기 대본 37] * 이 부분을 종이로 가리고 듣고 풀어 보세요.

남자 : 저희 춘천시에서는 고등학생 음악 동아리 지원 사업을 운영 중입니다. 춘천시 내 10명 이상의 고등학교 음악 동아리라면 신청이 가능하며 신청 시 교사의 추천서가 필요합니다. 3월 1일부터 한 달 동안 홈페이지를 통해 신청할 수 있고 최대 100만 원까지 지원이 가능하니 많은 신청 바랍니다.

※집중해서 들으면서, 들리는 내용과 다른 표현에 ~~표시~~하세요.

8. 다음을 듣고 들은 내용과 같은 것을 고르십시오.

   ① 쓰레기는 쓰레기통에 버려야 한다.

   ② 속리산에서 텐트를 치고 잠을 자도 된다.

   ③ 산에 쓰레기를 버리면 벌금을 낼 수도 있다.

   ④ 산에서 요리는 할 수 없지만 물놀이는 가능하다.

들은 내용을 차례차례 정리해 봅시다.	속리산 관리사무소의 안내 내용이다. 금지하는 것들을 이야기해 주고 있다.

안내 방송에서 많이 사용되는 단어

주의하다   유의하다   유념하다   조심하다

협조하다   협력하다   ✚   V기 바랍니다.

앞으로의 계획/예정

V(으)ㄹ 예정/계획입니다.   V(으)ㄹ 것입니다.

N까지/부터 N을/를 V습니다.   V(으)려고 합니다.

[듣기 대본 38] * 이 부분을 종이로 가리고 듣고 풀어 보세요.

남자 : 속리산 관리사무소에서 안내 말씀드립니다. 속리산 국립공원 계곡에서는 물놀이를 할 수 없습니다. 요리 및 야영도 금지하고 있습니다. 또한 국립공원에는 쓰레기통이 없습니다. 쓰레기는 가져가 주시기 바랍니다. 쓰레기를 버리다가 적발될 시에는 벌금을 부과할 예정입니다. 환경을 위해 적극 협력해 주십시오. 감사합니다.

※집중해서 들으면서, 들리는 내용과 다른 표현에 ~~표시~~하세요.

9. 다음을 듣고 들은 내용과 같은 것을 고르십시오.

① 물놀이를 하던 중학생 5명이 실종됐다.

② 해수욕장에는 늦은 밤에도 안전 요원이 있다.

③ 법이 바뀌면서 아무 때나 바다에 들어갈 수 있다.

④ 학생들은 안전 요원 때문에 바다에 들어가지 못했다.

들은 내용을 차례차례 정리해 봅시다.

육하원칙

| 누가 | 언제 | 어디 | 무엇 | 어떻게 | 왜 |

뉴스 정보 – 전달하기

지난해 해수욕장법이 바뀌면서 언제든지 해수욕장 이용이 가능해졌는데요. 부산 해운대에서 한밤중 물놀이를 하던 중학생 5명이 물에 빠지는 사고가 발생했습니다. 이 사고로 한 명이 죽고 두 명이 실종됐습니다. 사고 당시 해수욕장에는 안전 요원도 없어서 학생들이 바다에 쉽게 들어갈 수 있었다고 합니다.

[듣기 대본 39] * 이 부분을 종이로 가리고 듣고 풀어 보세요.

여자 : 지난해 해수욕장법이 바뀌면서 언제든지 해수욕장 이용이 가능해졌는데요. 부산 해운대에서 한밤중 물놀이를 하던 중학생 5명이 물에 빠지는 사고가 발생했습니다. 이 사고로 한 명이 죽고 두 명이 실종됐습니다. 사고 당시 해수욕장에는 안전 요원도 없어서 학생들이 바다에 쉽게 들어갈 수 있었다고 합니다.

들은 내용과 같은 것 고르기 10

※집중해서 들으면서, 들리는 내용과 다른 표현에 표시하세요.

10. 다음을 듣고 들은 내용과 같은 것을 고르십시오.
① 검사 결과 백신에 문제가 나타났다.
② 문제가 된 백신을 모두 버리기로 했다.
③ 문제가 생겼지만 무료 접종을 멈추지 않았다.
④ 백신은 10도 이상의 온도에서 보관해야 한다.

들은 내용을 차례차례 정리해 봅시다.

```
뉴스 정보 – 전달하기

첫 문장        사건 주제(중심 내용)      백신 보관 사고가 발생했습니다.

                                        N에 대한 소식입니다.

첫 문장 이후   육하원칙(자세한 내용)     누가/언제/어디/무엇/어떻게/왜

                                        상황/목적/이유/효과/계획
```

[듣기 대본 40] * 이 부분을 종이로 가리고 듣고 풀어 보세요.
여자 : 보통 백신은 2~8도 사이에서 보관해야 하는데 일부 백신이 10도 이상의 온도에 보관되었다는 제보가 있었습니다. 이에 정부는 독감 무료 접종을 중단한 뒤 품질 검사를 실시했는데요. 정부가 백신의 안전성을 조사한 결과 백신에는 아무 문제가 없는 것으로 확인됐습니다. 하지만 정부는 백신을 모두 버리기로 결정했습니다.

※ 집중해서 들으면서, 들리는 내용과 다른 표현에 표시하세요.

11. 다음을 듣고 들은 내용과 같은 것을 고르십시오.

① 인제군은 지난달 피해 복구를 시작했다.

② 124mm의 눈이 쌓여 이재민이 발생했다.

③ 지난달 태풍의 영향으로 도로가 침수됐다.

④ 공공 시설물 복구는 이재민 보상 후에 진행한다.

들은 내용을 차례차례 정리해 봅시다.

날씨와 관련된 단어	
폭염	폭염 경보/주의보, 열사병, 열대야
폭우가 쏟아지다.	물에 잠기다(침수되다).
미세먼지 농도가 나쁨	마스크를 쓰다/외출자제
태풍이 불다.	강풍/떨어지다/무너지다.
폭설	고립되다/제설작업
한파	영하/영상/체감온도

[듣기 대본 41] * 이 부분을 종이로 가리고 듣고 풀어 보세요.

여자 : 인제군은 지난달 태풍의 영향으로 시간당 124mm의 폭우가 쏟아지면서 300명 이상의 이재민이 발생하고 주택, 도로, 차량 등이 물에 잠겼습니다. 인제군은 오는 5일부터 공공 시설물을 복구하는 동시에 피해를 입은 주민들에게 어떻게 보상을 할 것인지 구체적인 방안을 제시할 계획입니다.

제11과	들은 내용과 같은 것 고르기 12	[mp3 42]

※집중해서 들으면서, 들리는 내용과 다른 표현에 ~~표시~~하세요.

12. 다음을 듣고 들은 내용과 같은 것을 고르십시오.

    ① 지역 화폐의 할인율은 모든 지역이 동일하다.

    ② 신용카드보다 지역 화폐의 수수료가 저렴하다.

    ③ 가장 많이 사용되는 화폐 형태는 모바일형이다.

    ④ 지역 화폐는 전국 어디에서나 사용이 가능하다.

들은 내용을 차례차례 정리해 봅시다.	지역화폐는 특정한 지역에서만 사용되는 화폐이다. 종이, 모바일, 카드 유형이 있다. 백화점, 대형마트에서는 사용할 수 없다.

뉴스 보도의 기출 문제에 나온 질문 유형

문화	공연 소식	어디/언제/입장료 등의 정보
정책	맞춤형 순찰 제도 안내	어떤 정책인지/대상/효과
생활	야외 수영장 개장 정보	어디/언제/입장료 등의 정보
생활	복사기 대여 서비스	어떤 서비스인지/대상/장점

[듣기 대본 42] * 이 부분을 종이로 가리고 듣고 풀어 보세요.

여자 : 지역 화폐라는 말을 들어보셨습니까? 지역 화폐는 특정한 지역에서만 사용되는 화폐로서 종이 상품권, 모바일형, 카드형이 있으며 카드형이 가장 일반적입니다. 백화점이나 대형 마트에서는 사용할 수 없으나 신용카드보다 수수료가 저렴합니다. 또한 지역별로 할인율은 다르지만 할인을 받을 수 있어서 큰 인기를 끌고 있습니다.

※집중해서 들으면서, 들리는 내용과 다른 표현에 표시하세요.

13. 다음을 듣고 들은 내용과 같은 것을 고르십시오.

① 초등학교 2학년 때부터 피아노를 쳤다.
② 골프는 집중력을 기르는 데 도움이 된다.
③ 남자는 어릴 때부터 골프 선수가 되고 싶었다.
④ 골프를 치면서 다른 사람과 이야기할 수 없다.

들은 내용을 차례차례 정리해 봅시다.

인터뷰

1. 인터뷰하는 사람이 어떤 일을 하는 사람인지 생각해 봅시다.

| 전문가 | 전문적인 내용 설명 및 주장. |
| 운동 선수 | 우승 소감, 근황, 각오. |

2, 진행자의 질문을 들으면 내용을 알 수 있다.

[듣기 대본 43] * 이 부분을 종이로 가리고 듣고 풀어 보세요.

여자: 올해 골프 국가대표가 되셨는데요. 골프는 어떻게 시작하게 되셨습니까?

남자 : 어렸을 때는 피아니스트가 꿈이었습니다. 그런데 초등학교 2학년 때 아버지와 우연히 골프를 치게 되었는데 그때 골프에 푹 빠졌습니다. 골프는 자연 속에서 서로 대화하면서 운동할 수 있는 사교적인 운동이거든요. 집중력 향상에도 도움이 되고요.

※집중해서 들으면서, 들리는 내용과 다른 표현에 표사하세요.

14. 다음을 듣고 들은 내용과 같은 것을 고르십시오.
   ① 등대지기는 배를 수리하기도 한다.
   ② 등대지기는 장비를 점검하는 일을 한다.
   ③ 사고를 방지하기 위해 직접 배를 운항한다.
   ④ 등대의 불을 켜는 시간은 정해져 있지 않다.

들은 내용을 차례차례 정리해 봅시다.

> 인터뷰

> 인터뷰의 질문 형식을 잘 이해하는 것이 무엇보다 중요하다.

> 전문가   등대지기

> 대답 문장을 잘 들으면 내용을 알 수 있다.

소개	등내시기는 어떤 일을 합니까?
내용	안전하게 돕는 일.
	등대 불을 켜고 수리하는 일.
	사고가 나지 않게 신호를 보냄.

[듣기 대본 44] * 이 부분을 종이로 가리고 듣고 풀어 보세요.

여자 : 등대지기는 정확히 어떤 일을 하는 사람인가요?

남자 : 등대지기는 신호 장치를 통해 배가 안전하게 운항하도록 돕는 일을 합니다. 정해진 시간에 등대의 불을 켜야 하며 장비를 점검하고 수리하는 일도 하고 있습니다. 날씨가 안 좋은 날에는 50초마다 신호를 보내 사고가 나지 않도록 합니다.

※ 집중해서 들으면서, 들리는 내용과 다른 표현에 **표**시하세요.

15. 다음을 듣고 들은 내용과 같은 것을 고르십시오.
  ① 메신저 피싱이 점차 줄어들고 있다.
  ② 스마트폰 앱은 안전하므로 믿어도 된다.
  ③ 개인 정보를 보호하는 것이 가장 중요하다.
  ④ 실제 지인이 맞는지 문자를 보내서 확인해야 한다.

들은 내용을 차례차례 정리해 봅시다.

인터뷰

인터뷰의 질문 형식을 잘 이해하는 것이 무엇보다 중요하다.

| 전문가 | 피싱 예방 전문가 |

대답 문장을 잘 들으면 내용을 알 수 있다.

질문	피싱은 어떻게 예방할 수 있나?
	개인 정보를 보호해야 함.
내용	아는 사람인지 전화해서 확인해야 함.
	확인된 스마트폰 앱만 사용해야 함.

[듣기 대본 45] * 이 부분을 종이로 가리고 듣고 풀어 보세요.
여자 : 가족이나 지인인 척하며 돈을 요구하는 메신저 피싱은 어떻게 하면 예방할 수 있습니까?
남자 : 메신저 피싱을 막기 위해서는 개인 정보 보호가 제일 중요합니다. 만약 돈을 빌려달라는 연락이 오면 실제로 아는 사람이 맞는지 반드시 직접 통화해서 확인하고 확인되지 않은 스마트폰 앱은 절대로 클릭하면 안됩니다.

제11과	들은 내용과 같은 것 고르기 16

※집중해서 들으면서, 들리는 내용과 다른 표현에 **표시**하세요.

16. 다음을 듣고 들은 내용과 같은 것을 고르십시오.
   ① 자막이 있으면 수어는 필요하지 않다.
   ② 청각 장애인은 수어로 정보를 전달한다.
   ③ 수어를 사용하는 사람이 40만 명이 넘는다.
   ④ 수어 통역은 봉사활동이므로 돈을 받지 않는다.

들은 내용을 차례차례 정리해 봅시다.	수어통역사 : 수어를 통해 정보를 전달한다. 청각장애인들에게 한국어는 외국어와 같다. 수어 통역 전문가가 필요하다.

인터뷰의 질문 형식을 잘 이해하는 것이 무엇보다 중요하다.

기출문제에 나온 질문 유형

방법	오랫동안 나무를 치료해 오셨는데요. 나무는 어떻게 치료를 하나요?
비결/이유	이곳은 새로운 관광지로 인기를 끌고 있는 서울의 한 재래시장입니다. 자리를 함께하신 상인 협회 회장님께 인기 비결을 들어 볼까요?
계기	선생님께서는 퇴직하신 후에 지역 문화제를 알리는 일을 하고 계시는데요. 특별히 이 일을 하게 된 계기가 있으신가요?
소개	시장님, 시청연수원을 시민을 위한 문화 공간으로 바꾸는 공사가 진행 중인 것으로 아는데요. 소개 좀 부탁드립니다.

[듣기 대본 46] * 이 부분을 종이로 가리고 듣고 풀어 보세요.

여자 : 오늘은 청각 장애인들에게 수어를 통해 정보를 전달하는 역할을 하는 수어통역사를 모셨습니다. 자막이 있는데 굳이 수어가 필요한 이유가 무엇인가요?

남자 : 사실 청각 장애인들은 한국어를 잘 사용하지 못합니다. 다시 말하면 그들에게는 한국어가 외국어와 같습니다. 수어 통역은 서비스나 봉사가 아닙니다. 전국의 청각 장애인 약 39만 명에게 정보를 전달하는 당연한 일이라고 생각합니다.

제12과

중심 생각 고르기
- 일상 대화, 인터뷰를 듣고 중심 생각을 파악할 수 있다.
- 글 전체 내용을 한 문장으로 나타낼 수 있다.

학습 TIP

제시항(①②③④)을 보고 어떤 내용을 나올지 예상해 본다.

주제에 대해 남자와 여자의 주장이 서로 다른 경우가 많다.

남자의 말을 집중해서 들어야 한다.

자신의 생각이나 주장을 나타내는 표현을 학습해야 한다.

같은 것을 고르는 문제가 아니다.

교수학습 TIP

1. 듣기 전에 선택지를 읽고 어떤 내용이 들릴지 메모해 보도록 한다.

2. 들으면서 선택지에 쓰인 내용과 다른 것들은 표시하게 한다.

3. 주제에 대한 대화 방향을 정리하는 연습을 할 수 있도록 한다.

4. 중심 생각이 드러날 수 있는 문법 표현을 교수학습해 준다.

4. 문제 풀이 후 대화, 안내, 뉴스, 인터뷰 등의 형식을 이해할 수 있도록 설명한다.

제12과	중심 생각 고르기 1	[mp3 47]

하나의 주제를 두고 서로의 생각을 이야기하고 있습니다.

상대방의 의견에 남자(또는 여자)가 동의하는지 주의 깊게 들으십시오.

같은 것을 고르는 문제가 아닙니다.

전체 대화의 중심 생각으로 가장 적절해 보이는 선택지를 골라야 합니다.

들으면서 대화가 향하는 방향 즉, 결론이 무엇인지 생각해 보십시오.

1. 대화를 듣고 <u>남자의 중심 생각</u>으로 가장 알맞은 것을 고르십시오.

① 텔레비전을 없애는 방법은 바람직하지 않다.

② 독서를 위해서 개인 서재를 만드는 것이 좋다.

③ 책을 읽을 수 있는 분위기를 만들어 줘야 한다.

④ 책을 읽게 하려면 컴퓨터나 텔레비전을 없애야 한다.

핵심 표현을 정리해 봅시다.	아이들, 텔레비전만 본다, 책을 읽지 않는다. 텔레비전을 없애자. 책 읽는 분위기를 만들어 주자. ● 남자의 생각이 중요함.

주제 확인하기	➡	주제에 대한 남자의 생각

생각을 나타내는 문법 - 제안/권유

V(으)ㄹ까요?	책 읽는 분위기를 만들어 줄까요?
V(으)ㅂ시다.	책 읽는 분위기를 만들어 줍시다.
V는 거 어때요?	책 읽는 분위기를 만들어 주는 거 어때요?

➡ | V는 게 어때요? | 책 읽는 분위기을 만들어 주는 게 좋다/만들어 주어야 한다. |

[듣기 대본 47] * 이 부분을 종이로 가리고 듣고 풀어 보세요.

남자 : 여보, 아이들이 텔레비전만 보고 책을 읽지 않아서 큰일이에요.

여자 : 그러게요. 텔레비전을 안 보면 컴퓨터나 핸드폰으로 게임만 하더라고요.

남자 : 그럼, 거실에 있는 텔레비전을 없애고 거실을 서재처럼 꾸며서 책 읽는 분위기를 만들어 줍시다. 도서관 같은
분위기가 되면 지금보다는 더 많이 읽지 않겠어요?

| 제12과 | 중심 생각 고르기 2 | [mp3 48] |

※대화가 향하는 방향 즉, 결론을 짐작할 수 있는 문법 표현에 집중해서 들으면서, 남자의 중심
  생각이 무엇인지 찾습니다.

2. 대화를 듣고 남자의 중심 생각으로 가장 알맞은 것을 고르십시오.

 ① 커피를 너무 많이 마시지 않는 것이 좋다.

 ② 커피를 줄이기 위해서는 운동을 해야 한다.

 ③ 커피는 운동 능력을 향상시키는 효과가 있다.

 ④ 기억력 향상을 위해서는 커피를 많이 마셔야 한다.

핵심 표현을 정리해 봅시다.

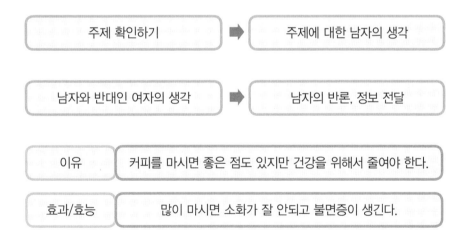

[듣기 대본 48] * 이 부분을 종이로 가리고 듣고 풀어 보세요.

남자 : 아까도 커피를 마시더니 또 마시는 거야? 커피를 줄이는 게 어때?

여자 : 무슨 소리야. 커피를 마시면 운동 능력이 향상되고 기억력이 좋아진대.

남자 : 물론 그런 효과가 있기는 하지만 너무 많이 마시면 소화가 잘 안 되고 불면증이 생기기도 해. 그러니까 건강을
      위해서 조금 줄이도록 노력해 봐.

※대화가 향하는 방향 즉, 결론을 짐작할 수 있는 문법 표현에 집중해서 들으면서, 남자의 중심 생각이 무엇인지 찾습니다.

3. 대화를 듣고 남자의 중심 생각으로 가장 알맞은 것을 고르십시오.

　① 나에게 맞는 운동을 찾아야 한다.

　② 태권도는 힘들지 않은 가벼운 운동이다.

　③ 적성에 맞지 않으면 다른 운동을 하는 것이 낫다.

　④ 포기하지 않고 꾸준히 운동하다 보면 좋아질 것이다.

핵심 표현을 정리해 봅시다.

주제 확인하기 ➡ 주제에 대한 남자의 생각

생각을 나타내는 문법 – 미래를 예측/추측

V다가는… V/A(으)ㄹ 거예요.	공부를 안 하다가는 시험에서 떨어질 거예요.
V/A(으)면… V/A(으)ㄹ 거예요.	공부를 안 하면 시험에서 떨어질 거예요.

➡ | V/A(으)ㄹ 거예요. | 시험에 떨어질 거예요. | 공부를 해야 한다. |
| --- | --- | --- |

[듣기 대본 49] * 이 부분을 종이로 가리고 듣고 풀어 보세요.

남자 : 미나 씨, 태권도 배운다면서요?

여자 : 네. 그런데 태권도가 저한테는 잘 안 맞나 봐요. 너무 힘들어서 다른 운동을 배울까 생각 중이에요.

남자 : 무슨 운동이든 다 힘들어요. 뭐든지 익숙해지기 위해서는 시간이 필요한 거잖아요. 조금 참고 운동하다 보면 재미를 느낄 수 있을 거예요.

※대화가 향하는 방향 즉, 결론을 짐작할 수 있는 문법 표현에 집중해서 들으면서, 남자의 중심 생각이 무엇인지 찾습니다.

4. 대화를 듣고 남자의 중심 생각으로 가장 알맞은 것을 고르십시오.

① 차 문을 잠그고 자면 위험하지 않다.

② 차박은 불편하고 위험해서 하고 싶지 않다.

③ 불편하더라도 하루 정도는 차에서 잘 수 있다.

④ 차박은 숙박비를 절약할 수 있어서 인기가 많다.

핵심 표현을 정리해 봅시다.	* 차박 : 차에서 자는 것(여행)

주제 확인하기	➡	주제에 대한 남자의 생각

생각을 나타내는 문법 – 간접적으로 말하기

V/A(으)ㄹ 것 같다.	힘들 것 같아요.
V/A지 않을까요?	힘들지 않을까요?

➡

V/A(으)ㄹ 것 같다.	힘들 것 같다.	하고 싶지 않다.

[듣기 대본 50] * 이 부분을 종이로 가리고 듣고 풀어 보세요.

여자 : 요즘 '차박'이 인기라던데 우리도 차박 여행을 해 보자.

남자 : 글쎄. 차에서 자는 건 불편할 것 같은데. 그리고 문을 잠그고 잔다고 해도 위험하지 않을까?

여자 : 하루 정도는 불편해도 괜찮지 않을까? 숙소 잡기도 정말 힘든데 차박은 숙소 예약도 필요 없고, 숙소비도 아낄 수 있고. 얼마나 좋아?

제12과	중심 생각 고르기 5	[mp3 51]

※대화가 향하는 방향 즉, 결론을 짐작할 수 있는 문법 표현에 집중해서 들으면서, 남자의 중심 생각이 무엇인지 찾습니다.

5. 대화를 듣고 남자의 중심 생각으로 가장 알맞은 것을 고르십시오.

   ① 식당에 가서 지갑을 찾으면 문제가 없다.

   ② 버스에서 내릴 때 지갑을 잃어버리기 쉽다.

   ③ 여자의 단점은 지갑을 자주 잃어버리는 것이다.

   ④ 항상 물건이 있는지 확인해야 잃어버리지 않는다.

핵심 표현을 정리해 봅시다.

주제 확인하기	➡	주제에 대한 남자의 생각

조언하기

토픽 성적이 나빠요.	물건을 자주 잃어버려요.
여자의 고민/걱정	여자의 나쁜 습관/단점
단어를 많이 외우세요.	항상 확인해야지요.

[듣기 대본 51] * 이 부분을 종이로 가리고 듣고 풀어 보세요.

남자 : 너 또 지갑 잃어버렸어?

여자 : 어. 그게 밥 먹고 식당에 놓고 나온 것 같아. 지금 식당에 다시 가 보려고.

남자 : 식당에서 나오기 전에 놓고 온 물건이 없는지 확인해야. 버스에서 내릴 때, 다른 곳으로 이동할 때, 항상 확인해. 그래야 물건을 잃어버리지 않아.

제12과	중심 생각 고르기 6	[mp3 52]

※대화가 향하는 방향 즉, 결론을 짐작할 수 있는 문법 표현에 집중해서 들으면서, 남자의 중심 생각이 무엇인지 찾습니다.

6. 대화를 듣고 남자의 중심 생각으로 가장 알맞은 것을 고르십시오.

　　① 고민을 많이 할수록 좋은 선택을 하게 된다.

　　② 흥미가 있는 동아리를 선택해야 후회가 없다.

　　③ 동아리에 가입하려는 목적을 분명히 알아야 한다.

　　④ 실제 도움이 되는 영어 회화 동아리에 가입하는 게 좋다.

핵심 표현을 정리해 봅시다.

```
┌─────────────────┐      ┌─────────────────┐
│  주제 확인하기   │ ➡   │ 주제에 대한 남자의 생각 │
└─────────────────┘      └─────────────────┘
```

```
┌──────────────────────────────┐
│  생각을 나타내는 문법–직접적으로 말하기  │
└──────────────────────────────┘
```

∨ㄴ/는다고 생각하다.	실내에서 담배를 피우면 안 된다고 생각해요.
A다고 생각하다.	춘천으로 여행가는 것이 더 좋다고 생각해요.
N(이)라고 생각하다.	가장 어려운 것은 쓰기라고 생각해요.

[듣기 대본 52] * 이 부분을 종이로 가리고 듣고 풀어 보세요.

여자 : 사물놀이 동아리에 가입할지 영어 회화 동아리에 가입할지 고민 중이야.

남자 : 취직하려면 영어 시험도 봐야 하니까 영어 회화 동아리가 더 좋다고 생각해. 영어 공부에 도움이 될 것 같은데.

여자 : 나도 그렇게 생각해. 하지만 어렸을 때부터 사물놀이를 배우고 싶었거든. 그래서 고민이야.

제12과	중심 생각 고르기 7	[mp3 53]

※ 대화가 향하는 방향 즉, 결론을 짐작할 수 있는 문법 표현에 집중해서 들으면서, 남자의 중심 생각이 무엇인지 찾습니다.

7. 대화를 듣고 남자의 중심 생각으로 가장 알맞은 것을 고르십시오.

① 젊은 사람들은 발라드를 많이 듣는다.

② 트로트는 중장년층에게 인기 있는 장르다.

③ 요즘 젊은 사람들은 트로트를 안 좋아한다.

④ 다양한 장르를 이용한 퓨전 트로트가 인기다.

핵심 표현을 정리해 봅시다.

주제 확인하기 ➡	주제에 대한 남자의 생각
반대	동의
글쎄요.	맞아요.
그래요? 저는~	그래요/그렇네요.
제 생각은 좀 달라요.	하긴
그렇지 않아요/아니에요.	그거 괜찮다/좋은 생각이에요.

[듣기 대본 53] * 이 부분을 종이로 가리고 듣고 풀어 보세요.

여자 : 트로트 많이 들으세요? 요즘 트로트가 인기라면서요?

남자 : 저도 트로트를 많이 들어요. 요즘은 전 세대에 걸쳐 트로트를 많이 듣는 것 같아요.

여자 : 그래요? 젊은 사람들은 트로트를 안 좋아하는 줄 알았는데요.

남자 : 아니에요. 발라드, 댄스같이 젊은 층이 좋아하는 다른 장르를 이용한 퓨전 트로트가 젊은 사람들 사이에서 인기예요.

※ 대화가 향하는 방향 즉, 결론을 짐작할 수 있는 문법 표현에 집중해서 들으면서, 남자의 중심 생각이 무엇인지 찾습니다.

8. 대화를 듣고 남자의 중심 생각으로 가장 알맞은 것을 고르십시오.

① 세금이 오르면 월급도 오르기 마련이다.

② 세금이 오르기 전에 집을 매매해야 한다.

③ 집값 안정을 위해 세금을 올릴 수밖에 없다.

④ 월세가 올라서 집이 없는 사람들이 힘들어질 것이다.

핵심 표현을 정리해 봅시다.

주제 확인하기		주제에 대한 남자의 생각

생각을 나타내는 문법

∨ㄴ/는다고 생각하다/보다.	내/제 생각에~ 내가 보기에는~
V는 게 좋다/필요히다/바람직하다/낫다.	V(으)ㄹ 것 같다.
V아야/어야 하다.	V(으)ㅂ시다.
V(으)ㄹ까요?	V는 게 좋다/필요하다/바람직하다/낫다.

[듣기 대본 54] * 이 부분을 종이로 가리고 듣고 풀어 보세요.

남자 : 다음 달부터 집을 사고 팔 때 내는 세금이 또 오른다고 하네요.

여자 : 월급은 안 오르고 세금만 오르네요. 물가도 올라서 생활비도 부족한데….

남자 : 집값을 안정시키기 위해서는 어쩔 수 없다고 봐요.

여자 : 그런다고 집값이 내려갈까요? 오히려 월세가 올라서 집 없는 사람들만 더 힘들어질 것 같아요.

※대화가 향하는 방향 즉, 결론을 짐작할 수 있는 문법 표현에 집중해서 들으면서, 남자의 중심 생각이 무엇인지 찾습니다.

9. 대화를 듣고 <u>남자의 중심 생각</u>으로 가장 알맞은 것을 고르십시오.

① 떼를 쓸 때는 부드럽지만 단호하게 설명해야 한다.

② 아이 목소리보다 큰 소리로 아이를 집중시켜야 한다.

③ 떼를 쓰는 행동은 시간이 지나면 자연스럽게 고쳐진다.

④ 설명해도 계속 떼를 쓸 경우에는 체벌을 할 필요가 있다.

핵심 표현을 정리해 봅시다.

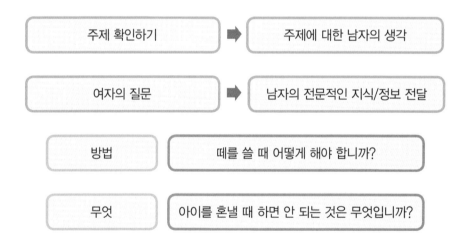

주제 확인하기 ➡ 주제에 대한 남자의 생각

여자의 질문 ➡ 남자의 전문적인 지식/정보 전달

방법 | 떼를 쓸 때 어떻게 해야 합니까?

무엇 | 아이를 혼낼 때 하면 안 되는 것은 무엇입니까?

[듣기 대본 55] * 이 부분을 종이로 가리고 듣고 풀어 보세요.

여자 : 하고 싶은 것을 못하게 하면 떼를 쓰는 아이들은 어떻게 해야 할까요?

남자 : 계속 떼를 쓰는 아이의 경우 눈을 마주치고 정확하게 안 된다고 말해야 합니다. 또 왜 안 되는지에 대한 설명도 자세하게 해야 하지요. 이때 중요한 것은 소리를 지른다거나 때리는 행동을 해서는 안 된다는 것입니다.

※대화가 향하는 방향 즉, 결론을 짐작할 수 있는 문법 표현에 집중해서 들으면서, 남자의 중심 생각이 무엇인지 찾습니다.

10. 대화를 듣고 <u>남자의 중심 생각</u>으로 가장 알맞은 것을 고르십시오.

① 온라인 공연은 춤에 집중할 수 있는 환경이다.

② 농악은 실제 농촌에서 일을 할 때 들어야 더 신이 난다.

③ 온라인 공연은 관객들의 반응을 확인할 수 없어 아쉽다.

④ 관객들의 반응에 맞춰 무대를 바꾸는 것이 가장 중요하다.

핵심 표현을 정리해 봅시다.

주제 확인하기 ➡ 주제에 대한 남자의 생각

여자의 질문 ➡ 남자의 느낌/계획을 대답한다.

느낌 | 소감을 말씀해 주세요/어떠셨습니까?

계획 | 앞으로의 계획을 말씀해 주세요.

[듣기 대본 56] * 이 부분을 종이로 가리고 듣고 풀어 보세요.

여자 : 온라인으로 무대에 서신 것은 처음이실 텐데요. 이번 온라인 공연은 어떠셨나요?

남자 : 제가 이번에 녹화한 농악은 일을 할 때 흥을 돋우기 위한 음악과 춤이기 때문에 굉장히 즐거운 음악입니다. 실제 공연 때는 관객의 반응에 맞춰 내용을 바꾸기도 하고요. 하지만 온라인 공연은 아무래도 그런 현장감을 반영할 수 없어서 아쉬움이 많이 남습니다.

※대화가 향하는 방향 즉, 결론을 짐작할 수 있는 문법 표현에 집중해서 들으면서, 남자의 중심 생각이 무엇인지 찾습니다.

11. 대화를 듣고 <u>남자의 중심 생각</u>으로 가장 알맞은 것을 고르십시오.

① 나주의 기후 조건은 배를 생산하기 좋다.

② 나주 배의 문제는 식감이 좋지 않은 것이다.

③ 아침과 저녁의 기온 차이가 커서 당도가 높다.

④ 나주는 비가 많이 내려서 배를 재배하기 어렵다.

핵심 표현을 정리해 봅시다.

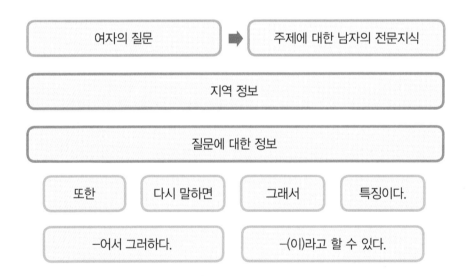

[듣기 대본 57] * 이 부분을 종이로 가리고 듣고 풀어 보세요.

여자 : 왜 나주에서 생산되는 배가 유명한가요?

남자 : 나주는 일조량이 풍부하고 낮과 밤의 기온 차이가 큽니다. 또한 비도 많이 오지요. 이런 여러 환경은 배를 생산하기에 최고의 조건이라고 할 수 있습니다. 다시 말하면 나주의 자연 환경이 좋은 배를 만들어 줍니다. 그래서 나주 배는 당도가 높고 식감이 굉장히 뛰어난 것이 특징입니다.

| 제12과 | 중심 생각 고르기 12 | [mp3 58] |

※대화가 향하는 방향 즉, 결론을 짐작할 수 있는 문법 표현에 집중해서 들으면서, 남자의 중심 생각이 무엇인지 찾습니다.

12. 대화를 듣고 <u>남자의 중심 생각</u>으로 가장 알맞은 것을 고르십시오.

    ① 성향이 다른 사람과 일을 하면 안 된다.

    ② 인간관계에서 오는 스트레스가 가장 크다.

    ③ 업무로 인한 스트레스를 풀도록 노력해야 한다.

    ④ 갈등이 발생할 경우에는 합리적으로 해결해야 한다.

| 핵심 표현을 정리해 봅시다. | |

[듣기 대본 58] * 이 부분을 종이로 가리고 듣고 풀어 보세요.

여자 : 30년 동안 직장 생활을 해 오셨는데요. 어떤 점이 가장 힘드신가요?

남자 : 업무로 인한 스트레스도 있지만 참을 수 있는 수준이라고 생각합니다. 일보다는 같이 일하는 동료, 상사와의 관계가 제일 어려운 것 같습니다. 서로 다른 성격의 사람들이 섞여 있다 보니 갈등이 발생하는 경우가 많이 생기지요.

정답 및 해설

읽기

제1과 정답

1. ②	2. ③	3. ①	4. ③	5. ②	6. ③

제1과 문제로 익히기

1) ④	2) ④	3) ③	4) ①	5) ④

1)

① 동생이 집에 와야 밥을 먹을 수 있다.

② 집에 오는데 비가 내렸다.

③ 우리 언니는 주말에 집에 오지만 평일에는 기숙사에 간다.

2)

① 김 선생님께서는 차를 싫어하신다고 말씀하셨다.

② 김 선생님께서 차를 싫어하시거든.

③ 김 선생님께서 차를 싫어하실 텐데 커피를 사서 가자.

3)

① 이 영화를 보거나 저 뮤지컬을 보자.

② 숙제 때문에 이 영화를 보도록 해야 한다.

④ 혹시 이 영화를 보거든 나에게 이야기해줘.

4)

② 형은 손이 작든지 발이 작든지 둘 중 하나일 것 같아.

③ 형은 키가 작아서 귀여운 편이야.

④ 형의 키가 작아야 내가 더 멋있어 보여.

5)

① 지하철역에 도착하면 전화해.

② 지하철역에 도착하느라 전화를 못 받았어.

③ 그 지하철역에 도착하기 위해 뛰어갔다.

제2과 정답

1.②	2. ①	3. ②	4. ④

제2과 문제로 익히기

6) ①	7) ④	8) ②	9) ③

7) – 아/어 봐야, –아/어도, –다고 해도

8) – (으)ㄹ 만큼, –(으)ㄹ 정도로

제3과 정답

1. ③	2. ①	3. ①	4 ③	5. ①	6. ③	7. ③	8. ②	9. ④	10. ①
11. ①	12. ②	13. ④	14. ③	15. ②	16. ④	17. ①	18. ①	19. ④	20. ③
21. ①	22. ④								

제3과 문제로 익히기

10) ②	11) ④	12) ④	13) ①	14) ①	15) ②
16) ①	17) ①	18) ②	19) ①	20) ②	21) ③

10)

침대 – 가구, 편안하다, 편하다, 아늑하다, 잠자리.

에어컨 - 시원하다, 바람, 더위.

냉장고 - 신선하다, 온도, 시원하다, 차갑다.

텔레비전 - 화면, 음향, 소리, 크다, 생생하다.

11)

버스 - 교통카드, 환승, 창 밖, 타다, 내리다, 정류장.

비행기 - 빠르다, 하늘, 날다, 공항.

지하철 - 교통카드, 환승, 타다, 내리다, 개찰구, 출구

자동차 - 운전, 안전, 드라이브, 여행.

12)

산 - 휴가, 계곡, 나무, 캠핑.

숲 - 휴가, 산림욕, 나무, 공기, 시원하다.

계곡 - 휴가, 물, 시원하다, 여름, 산.

바다 - 휴가, 모래, 수영, 해수욕장.

13)

마트 - 물건, 할인, 채소, 구매하다, 교환하다.

병원 - 아프다, 진료하다, 의사, 간호사, 주사, 예방접종.

은행 - 입금, 출금, 계좌, 통장, 카드.

세탁소 - 깨끗하다, 다리다, 옷, 빠르다.

14)

건강 관리 - 손, 씻기, 예방, 실천, 운동.

봉사 활동 - 돕다, 나누다, 이웃, 기부하다.

체육 활동 - 운동하다, 건강, 걷기, 체조, 스트레칭.

시간 관리 - 일정, 제 시간, 알람.

15)

환경 보호 - 숲, 강, 바다, 에너지, 지키다, 지구.

안전 관리 - 안전벨트, 헬멧, 지키다.

전기 절약 - 콘센트, 등, 전원, 끄다, 아끼다.

식사 예절 - 수저, 소리, 웃어른, 그릇, 먹다, 인사.

16)

여행 광고 – 숙박, 숙소, 교통, 관광, 패키지, 구경하다, 즐기다, 쉬다.

사원 모집 – 연봉, 월급, 수습, 기간, 이력서, 자기소개서.

사용 방법 – 전원, 누르세요, 켜세요, 돌리세요, 기다리세요.

제품 설명 – 버튼, 켜다, 끄다, A/S, 수리.

17)

할인 안내 – 싸다, 사다, 진행하다, 반값.

구매 방법 – 인터넷, 전화, 결제, 회원가입, 쇼핑몰.

직원 모집 – 연봉, 월급, 수습, 기간, 이력서, 자기소개서.

상품 광고 – 신상품, 새로 나오다, 좋다, 편리하다.

제4과 정답

1. ①	2. ①	3. ②	4. ③	5. ①	6. ④
7. ①	8. ①	9. ③	10. ①	11. ③	12. ③

제5과 정답

1. ④	2. ②	3. ③	4. ④	5. ②	6. ④

제6과 정답

1. ①	2. ③	3. ③	4. ③	5. ①	6. ③
7. ①	8. ③	9. ②	10. ②	11. ①	12. ①
13. ④	14. ②	15. ②	16. ②		

듣기

제7과 정답

1. ②   2. ③   3. ④   4. ③

제7과 해설

1번 ②

여자가 굽을 갈려고 구두 수선집에서 대화하는 상황이다. 정답은 2번이다.

① 여자가 신발 가게에서 신발을 신어 보고 있다.

③ 여자가 슬리퍼를 신고 외출하려는 남편에게 구두를 건네주고 있다.

④ 여자 구두의 굽이 부러졌다. 남자가 신발 가게를 가리키고 있다.

* 단어

      구두 굽   갈다   슬리퍼   급한 일

2번 ③

여자가 배달 온 음식을 받는 상황이다. 정답은 3번이다.

① 남자는 식당 직원으로 음식을 서빙하고 있다.

② 식당에서 여자가 신용카드로 계산을 하려고 한다.

④ 택배가 와서 택배 기사에게 돈을 내고 있다.

* 단어

      식사   현금   카드   결제하다

3번 ④

여자가 남자에게 물을 건내 주는 상황이다. 정답은 4번이다.

① 남자가 다쳐서 여자가 치료를 해 주고 있다.

② 남자는 힘들어하는 여자의 손을 잡고 끌어 주고 있다.

③ 남자와 여자가 서서 바람을 쐬고 있다.

* 단어

| 땀 | 흠뻑 | 젖다 | 쉬다 | 불다 | 목이 마르다 |

4번 ③

여자가 창문 밖에 있는 여자를 보고 사인을 받으러 가자고 하는 상황이다.

① 남자가 여자에게 사인을 요청하고 있다.

② 남자가 창문 밖 영화를 찍는 여자들을 가리키고 있다.

④ 남자가 창문 밖의 여자와 손을 흔들며 인사하고 있다.

* 단어

| 배우 | 꽃무늬 | 원피스 | 줄무늬 | 사인 |

제8과 정답

| 1. ③ | 2. ④ | 3. ② | 4. ① |

제8과 해설

1번 ③

집 마련이 어려운 이유로 가장 많이 대답한 순서를 찾아야 하므로 정답은 3번이다.

> 남자 : 10년 이내에 내 집 마련이 가능하다고 생각하는 사람이 점차 감소하고 있습니다.
> '내 집 마련의 걸림돌은 무엇인가'라는 질문에는 '계속 치솟는 집값'이라는 대답이
> 　　　　　　　　　　　　　　　　　　　　　　　　첫 번째
> 가장 많았으며 '낮은 소득', '모아 놓은 돈이 없어서', '청약 경쟁이 치열해서' 등이
> 　　　　　　두 번째　　　　세 번째　　　　　　　네 번째
> 그 뒤를 이었습니다.

* 단어

| 가능하다 | 감소하다 | 치열하다 | 걸림돌 | 치솟다 |
| 마련 | 점차 | 청약 | 소득 | |

2번 ④

사용 용도의 품목의 순서를 찾아야 하므로 정답은 4번이다.

> 남자 : 정부는 지난 4월 긴급재난지원금을 지급했습니다. 조사 결과에 따르면 지원금을
> 받지 않은 3월에 비해 소비가 늘었다는 응답자가 50% 이상 증가한 것으로 나타났
> 습니다. 구체적인 사용 용도로는 <u>농식품 구매가 36.6%</u>, <u>외식 · 배달이 22%</u>였고
> 첫 번째　　　　　　　　　　두 번째
> <u>의료비</u>와 <u>공산품</u>이 각각 10.9%, 10.7%를 차지했습니다.
> 세 번째　　네 번째

* 단어

지급하다	증가하다	구매하다	차지하다	지원금
응답자	구체적	농식품	의료비	공산품
정부	소비	늘다	용도	외식

3번 ②

다문화 학생의 학업 중단율이 2020년 1.03%, 2017년 1.17%이므로 2번이 정답이다.

> 남자 : <u>2020년 다문화 학생의 학업 중단율은 1.03%</u>를 기록했습니다. <u>2017년 1.17%</u>보다
> 는 감소했지만 <u>2018년 0.98%</u>, <u>2019년 0.80%</u>보다는 오히려 증가했습니다. 다문
> 화 학생의 학업 중단의 이유로는 2017년에는 대인관계, 경제적 이유, 학업 문제의
> 순이었으나 2020년에는 학업 문제가 가장 많았고 대인관계, 경제적 이유 등이 뒤
> 를 이었습니다.

* 단어

기록하다	감소하다	대인 관계	다문화	중단율
오히려	경제적	학업		

4번 ①

종이 신문의 이용률이 지속적으로 감소하고 있으므로 정답은 1번이다.

> 남자 : <u>종이신문의 이용 시간과 구독률이 지속적으로 감소하고 있습니다.</u> 2020년 조사
> 결과 종이신문을 구독한다는 응답자는 12.3%에 불과해 1990년 87.2%에 비해 무
> 려 7배 이상 감소했습니다. 종이신문의 대체재는 무엇이냐는 질문에 포털사이트,
> SNS, 유튜브, 텔레비전이라고 대답했습니다.

* 단어

　　　구독하다　　　불과하다　　　구독률　　　지속적　　　무려

제9과 정답

1. ②	2. ③	3. ③	4. ①	5. ③	6. ①
7. ①	8. ④	9. ④	10. ④	11. ④	12. ②

제9과 해설

1번 ②

남자가 만든 김밥을 여자에게 먹어 보라고 하는 상황이다.

여자가 누구에게 배웠냐고 물었기 때문에 정답은 2번이다.

2번 ③

여자가 여자의 딸이 식습관을 고치고 싶다고 말하자 남자가 왜 그런지 이유를 묻고 있다.

어울리는 정답은 3번이다.

* 단어

　　　　식습관　　　　고치다

3번 ③

여자가 남자에게 왜 짜증내는지 묻자 남자는 자신의 생일을 알고 있는지 물어보고 있다.

그러므로 생일을 알고 있다고 대답한 3번이 자연스럽다.

* 단어

　　　　짜증을 내다

4번 ①

여자가 라면을 끓여 먹자고 하자 남자가 라면은 싫다며 거절했다.

남자가 피자를 배달시켜 먹는 게 어떠냐고 제안했다.

제안할 때는 그 제안을 받아들이거나 거절해야 하기 때문에 정답은 제안을 받아들인 1번이 정답이다.

* 단어

　　　　끓이다　　　　별로　　　　　배달시키다

5번 ③

여자가 계절 학기 신청 기한을 남자에게 묻고 있다.

남자는 과 사무실에 전화해 보라는 남자의 말에 이어지는 대답은 3번이다.

* 단어

      계절 학기   신청하다   졸업하다

6번 ①

우체국에서 택배를 보내려고 한다.

5kg이라서 4,000원을 내야 한다고 하자 무게에 따라서 택배비가 달라지냐고 물었다.

따라서 이어질 대답은 1번이다.

* 단어

      택배비   무겁다   보내다   내다   상자   무게

7번 ①

학원에서의 대화이다. 남자는 학원의 직원으로 레벨에 따라서 반이 달라진다고 설명하고 있다.

여자가 혼자 공부했기 때문에 어느 반에 들어가야 할지 잘 모르겠다고 대답했다.

그러므로 자연스럽게 이어지는 대화는 1번이다.

* 단어

      초급   중급   고급   정하다   혼자서   학원

8번 ④

남자가 같이 점심을 먹으러 가자고 말하고 있다.

여자는 일이 10분 후에 끝나기 때문에 조금 기다려 달라고 한 상황이다.

남자는 여자의 말을 듣고 기다릴지 기다리지 않을지 다양한 대답을 할 수 있다.

이에 어울리는 대답은 4번이다.

* 단어

      기다리다   끝나다   정도

9번 ④

여자의 안색이 안 좋아 보여 남자가 걱정하고 있다.

여자가 시험 공부 때문에 체력이 많이 떨어졌다고 했다.

자연스럽게 이어지는 말은 4번이다.

* 단어

포기하다	무리하다	떨어지다	망치다	안색
코앞	밤낮	체력		

10번 ④

남자와 여자는 어버이날 선물에 대해 이야기 하고 있다.

남자는 현금이 좋다고 생각하고 여자는 선물이 좋다고 생각한다.

남자가 현금이 좋다고 생각하는 이유를 말하는 것이 자연스럽다. 정답은 4번이다.

* 단어

어버이날	현금	마음	정성	직접

11번 ④

회사에서의 대화이다. 남자가 여자에게 디자인을 확인해 달라고 요청하자

여자는 회사명(회사 이름)이 작다고 지적했다.

여자의 지적에 남자는 회사명을 더 크게 만들겠다고 하는 것이 자연스럽다.

* 단어

눈에 띄다	결정하다	완성하다	지우다	바꾸다
최종				

12번 ②

회사에서 대화이다. 유급 휴가의 신청 방법을 질문하고 있다.

유급 휴가 신청 방법으로 신청서를 작성해서 내야 한다고 대답한 2번이 정답이다.

* 단어

다름이 아니라	신청하다	개인적	출장
사정	유급		

제10과 정답

1. ③	2. ③	3. ④	4. ④	5. ②
6. ④	7. ④	8. ①	9. ①	10. ④

제10과 해설

1번 ③

여자의 행동을 고르는 문제이다. 여자의 말을 잘 들어야 한다.

가위가 서랍 안에 있어야 하는데 책상 위에 있다.

남자가 여자에게 가위가 서랍 안에 넣어 두어야 하는 이유를 설명하고 있다.

여자는 마지막에 "서랍 안에 넣어 둘게요."라고 말했다.

여자는 가위를 서랍에 넣을 것이다.

＊ 단어

　　　　잃어버리다　　　아무데나　　　　두다　　　　　넣다　　　　　서랍　　　　　가위

2번 ③

남자가 여자에게 전화해서 기획서를 가지고 회사로 와 달라고 부탁한다.

여자는 기획서를 가지고 가겠다고 말했으므로 정답은 3번이다.

여자의 마지막 말("기획서를 가지고 갈 테니까")에서 정답을 확인할 수 있다.

＊ 단어

　　　　깜빡하다　　　　작성하다　　　갖다 주다　　　기획서

3번 ④

여자와 남자가 공부하고 있는 상황이다.

남자가 어지러워서 공부를 계속할 수 없다고 말하며 여자에게 택시를 불러 달라고 부탁한다.

여자는 "알았다."라고 대답했다. 여자는 택시를 불러 달라는 남자의 부탁을 들어 주려고 한다.

＊ 단어

　　　　택시를 부르다　　　　　　어지럽다　　　　　　갑자기

4번 ④

남자가 여자에게 대학 입학 서류가 준비되었는지 확인하고 있다.

토픽 증명서도 필요하기 때문에 남자가 토픽 증명서를 인터넷에서 발급받으라고 말해 준다.

여자가 "알겠습니다."라는 부분에서 여자의 행동을 알 수 있다.

＊ 단어

　　　　자기소개서　　　학업계획서　　　성적증명서　　　발급받다　　　서류

5번 ②

남자와 여자가 청소를 하려고 한다.

여자는 청소기를 돌리고 남자는 바닥을 닦을 것이다.

남자가 환기를 해야 한다고 말하자 여자가 "내가 창문 먼저 열고 청소기 돌릴게."라고 말했다.

여자는 청소기를 돌리기 전에 먼저 창문을 열 것이다.

＊ 단어

　　　먼지를 털다　　　바닥을 닦다　　　대청소　　　　　청소기를 돌리다

　　　먼지가 나다　　　환기　　　　　　걸레

6번 ④

남자가 김장을 하고 있고 여자가 남자를 도와 주려고 한다.

남자가 먼저 배추에 소금을 뿌려 달라고 요청하고 있다.

그러므로 여자는 가장 먼저 배추에 소금을 뿌릴 것이다.

＊ 단어

　　　김장　　　　미리　　　　담그다　　　　배추　　　　소금

　　　뿌리다　　　양념　　　　손질하다

7번 ④

남자가 장례식장에 가려고 한다. 여자가 같이 가자고 말한다.

여자가 " 옷만 갈아입고 나올게요."에서 여자가 이어서 할 행동을 알 수 있다.

＊ 단어

　　　양복　　　　넥타이　　　　매다　　　　돌아가시다　　　장례식장

　　　갈아입다

8번 ①

회사에서의 대화이다. 생산비에 대해 이야기하고 있다.

남자가 값싼 재료를 쓰면 품질이 떨어진다고 하자 여자가 거래처에 전화해서 생산비를 낮출 방법을 문의하겠다고 했다.

＊ 단어

　　　생산비　　　값싸다　　　낮추다　　　품질　　　　떨어지다

　　　거래하다　　　거래처　　　문의하다

9번 ①

남자와 여자는 이삿짐을 정리하고 있다.

남자가 점심을 먹자고 하자 여자가 정리하고 나서 짜장면을 시켜 먹자고 대답했다.

여자는 먼저 책을 정리하려고 한다.

* 단어

이삿짐센터　　이용하다　　들다　　　벌써　　　정리하다
시키다

10번 ④

남자와 여자가 기차를 타려고 했다.

하지만 여자가 늦어서 기차를 못 탔다.

그래서 기차표를 환불한 후에 버스를 타고 가려고 한다.

* 단어

놓치다　　길이 막히다　　환하다

제11과 정답

1. ①	2. ③	3. ④	4. ②	5. ④	6. ③
7. ②	8. ③	9. ③	10. ②	11. ③	12. ②
13. ②	14. ②	15. ③	16. ②		

제11과 해설

1번 ①

남자가 바나나껍질로 닦으면 깨끗해지니까 한번 해 보라고 권유하고 있다. 정답은 1번이다.

② 남자는 가죽 재킷을 세탁소에 맡기고 싶어 한다.

　　남자가 아니라 여자가 맡기고 싶어 한다.

③ 남자는 바나나껍질로 가죽을 닦아 본 적이 없다.

　　"나도 해 봤는데." 남자는 해 본 적이 있다.

④ 바나나껍질로 가죽을 닦으면 냄새가 심하게 난다.

　　냄새가 나지 않는다.

* 단어

     가죽   재킷   더럽다   세탁소   맡기다

     껍질   냄새가 나다

2번 ③

남자는 여행사 월급이 적어서 생활비가 부족했기 때문에 이직을 했다.

3번이 정답이다.

① 여행사는 연봉이 높고 상여금도 준다.

    여행사는 월급이 적다.

② 남자는 여행사의 일이 적성에 안 맞는다.

    남자는 여행사가 적성에 맞고 일이 재미있다.

④ 은행에 다니면 월급이 적어서 생활비가 부족하다.

    월급이 적은 것은 여행사다.

* 단어

     은행   이직하다   취직하다   얼마 안 되다   생활비

     부족하다   연봉   상여금

3번 ④

제자가 교수님에게 전화해서 약속을 정하고 있다.

제자는 약혼녀를 소개해 주려고 한다. 정답은 4번이다.

① 여자는 곧 결혼을 할 예정이다.

    남자가 결혼을 할 것이다.

② 남자와 여자는 자주 만나는 사이다.

    "오랜만이네." 오랜만에 만나려고 한다.

③ 여자는 내일 오후에 학교에 가려고 한다.

    남자가 오후에 학교에 갈 것이다.

* 단어

     오랜만   곧   결혼   그동안   약혼녀

     소개하다   축하하다

4번 ②

여자가 회식 때문에 늦을 것이다. 그래서 남편에게 아이들 저녁과 청소를 부탁했다.

① 남자는 오늘 저녁에 모임이 있다.

여자가 오늘 저녁 회식이 있다.

③ 남자는 저녁에 음식을 만들어야 한다.

　여자는 미리 음식을 만들어 놓았다.

④ 여자는 퇴근 후 일찍 집으로 올 것이다.

　여자는 회식 때문에 늦게 들어올 예정이다.

＊ 단어

회식	퇴근하다	먹이다	국	데우다

5번 ④

공장 안전 수칙에 대한 안내 방송이다. 작업이 끝나면 전원이 꺼진 것을 확인한 후에 퇴근해야 한다.

① 안전화는 신자 않아도 괜찮다.

　안전화를 반드시 신어야 한다.

② 안전 점검은 일이 끝난 후에 실시한다.

　일을 시작하기 전에 안전 점검을 해야 한다.

③ 작업하지 않을 때는 안전모를 안 써도 된다.

　공장 내에서는 항상 안전모를 써야 한다.

＊ 어휘

안전	수칙	작업하다	내	안전모	안전화
반드시	착용하다	점검	실시하다	전원	완전히
꺼지다	협조				

6번 ③

병원 안내 방송이다. 평일 병문안 가능 시간이 6시에서 3시로 바뀌었으므로 정답은 3번이다.

① 평일에는 병문안이 불가능하다.

　가능하다.

② 최근 병원에서 감염병이 발생했다.

　감염병이 발생하지는 않았다.

④ 주말 오전에는 병문안을 할 수 없다.

　주말 오후 1시부터 병문안을 할 수 없다.

＊ 어휘

발생하다	감염병	방지	입원	환자	방문하다
가능하다	불가능하다	변경되다	또한	오전	오후
주말	병문안	유의하다			

7번 ②

춘천시 지원 사업에 대한 안내방송으로 최대 100만 원까지 지원이 가능하다.

① 춘천시 중학생들도 지원을 받게 된다.

　고등학생 음악 동아리 지원 사업이다.

③ 홈페이지와 전화로 지원금 신청이 가능하다.

　전화 신청이 가능하다는 내용은 없다.

④ 동아리 인원이 4명인 경우에도 신청할 수 있다.

　10명 이상인 동아리가 지원 조건이다.

* 어휘

고등학생	중학생	지원	사업	운영	동아리
추천서	최대	홈페이지			

8번 ③

속리산 관리사무소의 안내 방송이다. 쓰레기를 버리면 벌금을 부과할 수도 있다고 안내하고 있다.

① 쓰레기는 쓰레기통에 버려야 한다.

　쓰레기통이 없다. 가지고 가야 한다.

② 속리산에서 텐트를 치고 잠을 자도 된다.

　야영을 할 수 없다.

④ 산에서 요리는 할 수 없지만 물놀이는 가능하다.

　물놀이를 할 수 없다.

* 단어

국립공원	계곡	물놀이	야영	텐트를 치다	금지
쓰레기통	버리다	적발되다	벌금	부과하다	예정
적극	협력하다				

9번 ③

안전 사고에 대한 뉴스 방송이다. 법이 바뀌면서 언제든지 해수욕장 이용이 가능해졌다고 했으므로 정답은 3번이다.

① 물놀이를 하던 중학생 5명이 실종됐다.

　5명이 물에 빠졌다. 실종된 사람은 2명이다.

② 해수욕장에는 늦은 밤에도 안전 요원이 있다.

　안전 요원이 없었다.

④ 학생들은 안전 요원 때문에 바다에 들어가지 못했다.

안전 요원이 없었으며 바다에 쉽게 들어갔다.

* 단어

해수욕장	법	바뀌다	언제든지	이용	한밤중
물놀이	빠지다	사고	발생하다	실종되다	죽다
안전 요원	당시				

10번 ②

백신 보관에 대한 뉴스 보도이다. 백신 품질 검사 결과 이상이 없지만 모두 버리기로 했다. 정답은 2번이다.

① 검사 결과 백신에 문제가 ~~나타났다.~~

검사 결과, 백신에 문제가 없는 것으로 나타났다.

③ 문제가 ~~생겼지만 무료 접종을 멈추지 않았다.~~

문제가 없지만 무료 접종을 중단했다.

④ 백신은 ~~10도 이상의 온도에서 보관해야 한다.~~

백신은 보통 2도에서 8도 사이에 보관해야 한다.

* 단어

보통	백신	사이	보관하다	일부	이상
온도	제보	독감	무료	접종하다	품질
검사	실시하다	정부	안전성	조사하다	확인되다
결정하다					

11번 ③

날씨를 알려 주는 뉴스이다. 태풍이 영향으로 주택, 도로, 차량 등이 물에 잠겼다.

① 인제군은 ~~지난달 피해 복구를 시작했다.~~

지난달 태풍이 불었으며 피해 복구는 아직 시작하지 않았다.

② 124mm의 ~~눈이 쌓여 이재민이 발생했다.~~

폭우, 비가 많이 내려서 이재민이 발생했다.

④ 공공 시설물 ~~복구는 이재민 보상 후에 진행한다.~~

시설물 복구와 이재민 보상은 동시에 이루어질 것이다.

* 단어

태풍	영향	시간당	폭우	쏟아지다	이재민
주택	도로	차량	물에 잠기다	침수되다	공공 시설물
복구하다	피해를 입다	보상	구체적	방안	눈이 쌓이다
진행하다					

12번 ②

생활 정보를 알려 주는 뉴스 방송이다. 지역화폐는 신용카드보다 수수료가 싸다는 장점을 말하고 있다.

① 지역 화폐의 할인율은 모든 지역이 동일하다.

　　할인율은 지역마다 다르다.

③ 가장 많이 사용되는 화폐 형태는 모바일형이다.

　　가장 일반적인 형태는 카드형이다.

④ 지역 화폐는 전국 어디에서나 사용이 가능하다.

　　특정한 지역에서만 사용이 가능하다.

* 단어

지역 화폐	특정하다	할인율	삼품권	모바일	~형
일반적	대형 마트	수수료	저렴하다	~별	인기를 끌다
동일하다					

13번 ②

골프 선수와 인터뷰하는 내용이다. 골프는 집중력을 향상 시킬 수 있다는 장점에 말했으므로 정답은 2번이다.

① 초등학교 2학년 때부터 피아노를 쳤다.

　　초등학교 2학년 때 우연히 골프를 치게 되었다.

③ 남자는 어릴 때부터 골프 선수가 되고 싶었다.

　　어릴 때 꿈은 피아니스트였다.

④ 골프를 치면서 다른 사람과 이야기할 수 없다.

　　대화하면서 운동할 수 있다.

* 단어

골프	국가대표	피아니스트	우연히	치다	푹
빠지다	사교적	집중력	향상	기르다

14번 ②

등대지기와의 인터뷰이다. 등대지기는 등대를 점검하고 수리하는 일을 하는 사람이므로 정답은 2번이다.

① 등대지기는 배를 수리하기도 한다.

　　등대에 있는 장비를 수리하는 일을 한다.

③ 사고를 방지하기 위해 직접 배를 운항한다.

　　안전하게 운항하도록 돕는 일을 한다.

④ 등대의 불을 켜는 시간은 정해져 있지 않다.

　　시간이 정해져 있다.

등대지기	정확히	신호	장치	안전하다	운항하다
돕다	정해지다	장비	점검하다	수리하다	사고가 나다

15번 ③

피싱 예방 전문가와의 인터뷰이다. 메신저 피싱을 막기 위한 가장 좋은 방법은 정보 보호라고 말하고 있다.

① 메신저 피싱이 점차 줄어들고 있다.

　　해당 내용이 나오지 않는다.

② 스마트폰 앱은 안전하므로 믿어도 된다.

　　확인되지 않은 스마트폰 앱은 안전하지 않기 때문에 클릭하면 안 된다.

④ 실제 지인이 맞는지 문자를 보내서 확인해야 한다.

　　전화를 해서 확인해야 한다.

* 단어

점차	줄어들다	메신저 피싱	안전하다	개인 정보 보호	
막다	만약	예방하다	실제로	반드시	직접
통화하다	스마트폰	앱	클릭하다		

16번 ②

수어통역사와의 인터뷰이다. 수어 통역은 청각 장애인들에게 정보를 전달하는 역할을 한다.

① 자막이 있으면 수어는 필요하지 않다.

　　자막이 있어도 수어가 필요하다.

③ 수어를 사용하는 사람이 40만 명이 넘는다.

　　청각 장애인은 약 39만 명 정도로 40만 명이 넘지 않는다.

④ 수어 통역은 봉사활동이므로 돈을 받지 않는다.

　　수어 통역은 봉사활동이 아니다.

* 단어

청각 장애인	수어	정보	전달하다	역할	모시다
자막	굳이	다시 말하면	서비스	봉사	전국
약	당연하다				

제12과 정답

1. ③	2. ①	3. ④	4. ②	5. ④	6. ④
7. ④	8. ③	9. ①	10. ③	11. ①	12. ②

제12과 해설

1번 ③

아이들이 책을 읽지 않는 것에 대해 이야기하고 있다.

남자는 책을 읽게 만들기 위해 두 가지 방법을 제시하고 있다.

이 두 가지 방법은 모두 책 읽는 분위기를 만들어야 한다는 남자의 생각을 반영하고 있다.

① 텔레비전을 없애는 방법은 바람직하지 않다.

　남자는 텔레비전을 없애자고 말하고 있다.

② 독서를 위해서 개인 서재를 만드는 것이 좋다.

　거실을 서재처럼 꾸미는 것이 좋다고 말하고 있다.

④ 책을 읽게 하려면 컴퓨터나 텔레비전을 없애야 한다.

　남자의 말이지만 전체적인 남자의 결론이라고 할 수 없다.

* 단어

　　　없애다　　　바람직하다　　서재　　　　개인　　　분위기　　　게임

2번 ①

남자는 여자가 커피를 너무 많이 마시기 때문에 조금 줄여야 한다고 말하고 있다.

3번과 4번은 여자가 한 말로 커피의 효과에 대해 설명하고 있다.

② 커피를 줄이기 위해서는 운동을 해야 한다.

　운동을 해야 한다는 내용은 없다.

* 단어

　　　줄이다　　　향상되다　　　기억력　　　물론　　　효과　　　소화
　　　불면증　　　생기다

3번 ④

여자는 태권도가 힘들기 때문에 다른 운동을 배우려 한다.

남자는 모든 운동이 힘들다고 말하며 계속 운동하다 보면 좋아질 것이라고 말하고 있다.

② 태권도는 힘들지 않은 가벼운 운동이다.

　　여자는 태권도가 너무 힘들어서 다른 운동을 배우려고 한다.

4번 ②

차박에 대해 말하고 있다. 여자가 차박 여행을 가자고 하자 남자가 여러 이유를 들며 거절하고 있다.

① 차 문을 잠그고 자면 위험하지 않다.

　　남자는 문을 잠그고 자도 위험하다고 말하고 있다.

③ 불편하더라도 하루 정도는 차에서 잘 수 있다.

　　여자의 생각이다.

④ 차박은 숙박비를 절약할 수 있어서 인기가 많다.

　　여자가 차박의 장점을 설명하며 남자를 설득하고 있다.

* 단어

차박	잠그다	위험하다	불편하다	숙소	잡다
예약	숙소비	아끼다	절약하다		

5번 ④

매일 물건을 잃어버리는 여자에게 남자가 조언하는 내용이다.

② 버스에서 내릴 때 지갑을 잃어버리기 쉽다.

　남자는 물건을 잃어버리지 않기 위해서 확인해야 한다고 말하고 있다.

③ 여자의 단점은 지갑을 자주 잃어버리는 것이다.

　　여자의 실수가 맞지만 남자의 중심 생각은 아니다.

* 단어

잃어버리다	확인하다	이동하다	그래야	단점

6번 ④

여자가 어떤 동아리에 가입해야 할지 고민하고 있다.

남자는 영어 공부에 도움이 되기 때문에 영어 동아리가 좋다고 생각한다고 말했다.

즉, 영어 회화 동아리에 가입해야 한다는 것이 남자의 생각이다.

* 단어

사물놀이	흥미	선택하다	고민	후회	목적
분명히	실제	도움	가입하다	취직하다	회화

7번 ④

트로트에 대해 말하고 있다. 남자는 요즘 모든 사람들이 트로트를 듣는다고 말하며 젊은 세대도 트로트를 좋아한다고 말하고 있다.

② 트로트는 중장년층에게 인기 있는 장르다.

　전 세대에 걸쳐 인기가 있다.

* 단어

　　트로트　　　세대　　　발라드　　　댄스　　　젊다　　　장르　　　퓨전

8번 ③

집을 사고 팔 때 내는 세금에 대한 이야기다.

세금이 오른다는 소식에 남자는 세금이 오르는 것은 집값 안정을 위해 어쩔 수 없다고 말하고 있다.

④ 월세가 올라서 집이 없는 사람들이 힘들어질 것이다.

　남자의 말이 아니라 여자의 말이다.

* 단어

　　세금　　　오르다　　　물가　　　부족하다　　　집값　　　안정시키다
　　어쩔 수 없다　　내려가다

9번 ①

인터뷰다. 아이가 떼를 쓸 때 어떻게 해야 하는지 방법에 대해 설명하고 있다.

떼를 쓸 때는 눈을 마주치고 정확하게 안 된다고 말해야 한다고 했으므로 정답은 1번이다.

② 아이 목소리보다 큰 소리로 아이를 집중시켜야 한다.

　소리를 지르면 안 된다.

③ 떼를 쓰는 행동은 시간이 지나면 자연스럽게 고쳐진다.

　자연스럽게 고쳐진다는 말은 내용에 없다.

④ 설명해도 계속 떼를 쓸 경우에는 체벌을 할 필요가 있다.

　때리는 행동을 하면 안 된다.

* 단어

　　떼를 쓰다　　부드럽다　　단호하다　　설명하다　　집중시키다　　자연스럽다
　　고치다　　　체벌　　　경우　　　마주치다　　정확하다　　자세하다
　　소리를 지르다　　　때리다　　행동

10번 ③

농악 공연을 녹화한 무용수와의 인터뷰이다. 어땠냐는 진행자의 질문에

현장감을 반영할 수 없어서 아쉽다고 말하고 있다.

* 단어

온라인	무대	공연	녹화하다	흥	돋우다
굉장히	즐겁다	반응	맞추다	아무래도	
현장감	반영하다	아쉬움	남다		

11번 ①

나주 배를 생산하고 있는 농부와의 인터뷰이다. 나주 배가 왜 유명한지 설명하고 있다.

② 나주 배의 문제는 식감이 ~~좋지 않은 것이다.~~

　나주 배는 식감이 뛰어난 것이 특징이다.

③ 아침과 저녁의 기온 차이가 커서 당도가 높다.

　남자의 말이지만 세부 내용으로 남자의 중심 생각은 아니다.

④ 나주는 비가 많이 내려서 ~~배를 재배하기 어렵다.~~

　비가 많이 오는 것도 배를 생산하기 좋은 환경이다.

* 단어

기후	조건	생산하다	식감	기온	차이
당도	재배하다	유명하다	일조량	풍부하다	
뛰어나다	특징				

12번 ②

직장 생활을 하면서 가장 힘든 점이 무엇인지에 대해 말하고 있다.

업무의 스트레스가 있지만 참을 수 있다. 제일 어려운 것은 동료, 상사와의 관계라고 말하고 있다.

* 단어

성향	인간관계	업무	스트레스	풀다	노력하다
갈등	합리적	해결하다	직장	참다	수준
섞이다	생기다				